拉美研究译丛——左翼领袖系列

La Presidenta: Historia de una vida

女总统：一段生命历程

[阿根廷] 桑德拉·卢索 著

王阳 魏然 译

知识产权出版社
全国百佳图书出版单位

图书在版编目（CIP）数据

女总统：一段生命历程 /（阿根廷）卢索著；王阳，魏然译 . —北京：知识产权出版社，2016.7

ISBN 978-7-5130-3967-3

Ⅰ.①女… Ⅱ.①卢…②王…③魏… Ⅲ.①克里斯蒂娜—传记
Ⅳ.①K837.837=6

中国版本图书馆 CIP 数据核字（2015）第 313389 号

© 2015, Random House Argentina
© 2016, translation into the Chinese language, 2014 of the first publication

责任编辑：刘 睿 刘 江　　　　　　　责任校对：董志英
文字编辑：刘 江　　　　　　　　　　责任出版：刘译文

女总统：一段生命历程
Nüzongtong: yiduan Shengming Licheng
[阿根廷] 桑德拉·卢索 著
王 阳 魏 然 译

出版发行：知识产权出版社 有限责任公司		网　址：http://www.ipph.cn	
社　址：北京市海淀区西外太平庄 55 号		邮　编：100081	
责编电话：010-82000860 转 8344		责编邮箱：liujiang@cnipr.com	
发行电话：010-82000860 转 8101/8102		发行传真：010-82000893/82005070/82000270	
印　刷：保定市中画美凯印刷有限公司		经　销：各大网上书店、新华书店及相关专业书店	
开　本：720mm×960mm 1/16		印　张：14.25	
版　次：2016 年 7 月第一版		印　次：2016 年 7 月第一次印刷	
字　数：195 千字		定　价：45.00 元	

ISBN 978-7-5130-3967-3
京权图字：01-2016-1080

出版权专有　侵权必究
如有印装质量问题，本社负责调换。

《拉美研究译丛》编委会

名誉主编 李 捷

顾　　问 苏振兴　徐世澄　郑秉文　曹远征

主　　编 吴白乙

编　　委（按姓氏笔画为序）

　　　　　　王义桅　王晓德　王　萍　刘维广
　　　　　　杨志敏　杨建民　吴白乙　吴洪英
　　　　　　张　凡　岳云霞　房连泉　赵雪梅
　　　　　　胡必亮　姚枝仲　贺双荣　袁东振
　　　　　　柴　瑜　董经胜　韩　琦

学术秘书 刘东山

序　言

"拉美研究译丛——左翼领袖系列"为中国社会科学院拉丁美洲研究所主持的翻译项目，以逐批翻译和出版拉美左翼代表人物的传记、著作或言论集等形式，向中国读者展现带有拉丁美洲独特魅力的左翼领袖风采，生动而直观地了解和认识拉美当代社会主义思潮，并且顺应中拉关系迅速发展的实际需求，介绍拉美相关国家的政策导向与近期发展前景。这一翻译项目，是在中国社会科学院"马克思主义理论研究与建设工程"的框架下完成的，同时，也是目前正在实施的创新工程的重要内容之一。

在世界范围内，拉丁美洲是马克思主义思想传播最早的地区之一，而拉美左翼则是世界社会主义运动的重要组成部分。20世纪早期，拉美主要国家就出现了十分活跃的社会主义和共产主义思想和活动。第二次世界大战结束以后，拉美左翼力量更向世人呈现了丰富而多样的理论和实践，菲德尔·卡斯特罗领导的古巴革命、萨尔瓦多·阿连德领导的智利改革运动以及桑地诺民族解放阵线领导的尼加拉瓜革命成为这一时期拉美政治发展史上的重要里程碑，在整个地区，甚至世界范围内产生了深远的影响。

"冷战"结束以后，拉美一批中左翼力量积极把握时代机遇，开始打出"推动社会公平和公正"的政治口号，通过选举等民主政治方式来实现政治诉求，主张经济和社会政策向中低收入阶层民众倾斜。拉美左翼党派、运动和组织包括委内瑞拉第五共和国运动以及在此基础上组建的委内瑞拉统一社会主义党、玻利维亚争取社会主义运动、巴西劳工党、阿根廷胜利阵线、乌拉圭广泛阵线、厄瓜多尔祖国主权联盟运动、尼加拉瓜桑地诺民族解放阵线、萨尔瓦多法拉本多·马蒂民族解放阵线、巴拉圭变革爱国联盟、秘鲁民族主义党，等等。拉美地区这一政治版图的变化趋势引起了全世界的广泛关注。

尤为值得一提的是，在崛起的拉美左派阵营中，一批极具传奇色彩的左翼领袖脱颖而出，他们多以选举中的绝对优势赢得执政地位，通过修改宪法或其他立法形式推动制度变革，提出了"21世纪社会主义""社群社会主义""劳工社会主义"等代表性思想，更是推出了资源国有化等新政策，深刻地塑造着当代拉美的政治、经济和社会生活，并对世界经济和政治发展产生着深远影响。这些代表人物表现出各具特色的执政理念、领导能力和个人风格，在其国内和世界舞台上均拥有众多的拥戴者和反对派，他们不仅是影响和决定国家发展方向的重要力量，也不仅是学术研究领域中常见常新的重要课题，而且成为大众文化和媒体传播中的一道亮丽风景。

我们相信，拉美所特设的"左翼领袖系列"翻译项目，将向国人提供一个了解上述动态的独特角度。

中国社会科学院拉丁美洲研究所所长　吴白乙
2015年12月8日

谨以此书与我心中的祖国
献给马拉·巴耶斯特（Mara Ballesté）

前　言

自 2008 年，写作本书的愿望就一直伴随着我。正是从那时起，克里斯蒂娜·费尔南德斯·德·基什内尔引发了我的好奇心。反对她的疾风骤雨让我感到意外，不仅反对派如此，许多大型媒体也是如此。连篇累牍的抨击克里斯蒂娜与农业阵营冲突的报纸消息，再加上她参与或牵扯其中的政治旋舞，激起了我对她的兴趣，我想了解这位凭借自身反抗精神以维护民主、稳定的女性。她的政府本来极有可能在"不作为式防卫"中轻易倒台——自然地，"倒台"这个词本可能造成更加严重的后果，而不仅仅是一个隐喻——倘若不是克里斯蒂娜一直保持坚毅的政治主动性。

上面的话虽然只是表达了一种个人见解，但我相信它是有根据的。在内斯托尔·基什内尔政府中，间或也会出现以准确事实为依据的指责性的抨击——如后来导致前交通部长里卡尔多·海梅被起诉的事件——即使抨击之声变得普遍和尖锐，也无法影响基什内尔这位民选总统在离任的时候所赢得的最佳形象。内斯托尔在爱德华多·杜阿尔德的提携下，以 22% 的选票赢得大选，但很快，就让投票选他的人们大吃一惊。当时，许多人选他，不过是为了遏制卡洛斯·梅内姆❶。但是随着剿灭军事当局、减免债务、反对国际货币基金组织（FMI）以及随之带来的政治自由度、抵制美洲自由贸易区（ALCA），加上保障人权政策及经济的持续增长，这些都成为基什内尔政府赢得人们拥护的重要支柱。

---

❶ Carlos Menem，阿根廷前总统。——译者注

然而，在不久之后的 2008 年，就在前一年以 45.28% 的选票赢得大选之后，女总统克里斯蒂娜却被很多媒体描述成专断、性格分裂、皮包购物狂以及缺乏个人准则、倾向于依照她的前任总统即丈夫的指示来执政的政治领袖。总之，这些夸大其词的攻击，让我不禁自问，一方面，这位女性带来哪些新东西，同时她又延续了哪些传统？另一方面，她所体现的复杂的女性特质到底是什么？为什么这些特质激怒了其他众多女性？

克里斯蒂娜是全世界第一位通过民主方式，继丈夫之后履职的女总统。她曾经在国家立法机构任职十多年，在梅内姆执政的十年，她曾被驱逐出执政集团。后来她成了第一夫人，虽然她更倾向于说自己是第一女公民。上述都是一些坚实的材料，但更为重要的是，这些已经被人写下了。而让我感兴趣的是她的公共人格和政治个性。当反对派用无耻谰言，针对她的个性而攻击她是一匹"母马"❶ 时，我便开始为她的个性而着迷了。

2008 年，伴随着第 125 号法案——这条法案针对的是农业出口模式的核心——政治和媒体的反对意见开始出现。他们表达的反对意见如此强烈，以至于很快，在我自问克里斯蒂娜到底是个什么样的女性的同时，也不得不思量，如果是我的话，该如何回应这样的攻击，为此我业已在报纸上多次发表文章。根据我的解读，在那年的第一封公开信里，"革职"成了一个关键词。现今，从回溯的视角来看，我相信，在那一年里我们很多人都曾苦恼过，实际上是害怕一个错误的出现可能就会付出所有民主的代价。

之所以这么想，是因为我坚信下述这一点，也是因为我以此方法尝试解释这些年的状况：假如另一个女总统在位，她的政治姿态不那样强势，而性格上又显示出其他特质，则她可能早已被打倒在地了。当这本书已经撰写了大量篇幅，而且已经按照目前的方式安排章节时，我对克

---

❶ 类似中文中的"母老虎"一词。——译者注

前　言

里斯蒂娜进行了最后一次访谈。访谈中，她对我说："有些人想把我赶下台。"

很多人曾力图推翻克里斯蒂娜，而同时他们还口口声声地谈论着共和国。他们表现得像个共和派，其中甚至包括她的副总统胡里奥·科沃斯——2008年，他可是在媒体上频繁曝光的大人物——他的所作所为在阿根廷历史上绝无仅有，在任何人已知的任何国家里，也没有出过类似的情况：参议院主席团竟然成了反对派，而宪法原本指派该主席团作为执政机关的代表。这个事件标志着大众情绪中最愚蠢的一面（当给一位总统的法案投票时，也就是给以总统候选人为首的政府计划投票），而这一事实被政治反对派和大型媒体，完完全全地忽视了。科沃斯现今已经从政治代言的第一梯队中被剔除出去了，再也没有人征询他的意见，再也没有人与之合影，而最近三年内，他又成为一个政治参照点和一位反对派领袖。近期发生了这样的变化，这一切是否有些不可思议呢？

我将克里斯蒂娜的女性特质定义为"复杂多样"，是因为她身上有很多很难汇聚在一个人身上的特殊禀赋。传统文化认为这些在职场上小有成就的女性，情绪上难免不稳定，而智慧出众的女性，往往缺乏情趣。这些观念自然是错误的，但总体而言，在父权制文化下就是如此：给女孩们展示一条狭窄的限制严格的道路，好让我们不至于偏离方向或迷失在丛林里。

可以肯定的是，针对她的政治攻击和媒体攻击，其中都包含厌女症的成分，但可以说，正是厌女症这条线索，才使得我想接近这位女总统。是厌女症，而不是"双重指挥权"❶那另一套责难她的理论，成了鼓动政治反对浪潮的工具。克里斯蒂娜令人困扰的，不是身为女人，而是身为这样一个女人。她可谓是一个极端丰富的女性，身上的特质太多了。或者说，曾经太多了。

2010年10月，她意外地失去了自己的伴侣，这给她留下了一道痛

---

❶ 暗指内斯托尔为克里斯蒂娜背后的指挥者。——译者注

3

苦的伤痕，这道伤痕在她身上持续开裂，正如任何一个遭受类似伤害的人都会经历的。然而她又一次发生了改变：她既不向政治压力妥协让步，也不掩饰她情感上的脆弱。她孤独无援时的勉强微笑，其能量来自她一定要捍卫她与内斯托尔一起经营了30年的政治计划。她的难处很容易理解，那就是要同时挑起两个人的工作，为两个人负责；正因为如此，脆弱与强悍的两面才结合到一起。在这方面，阿根廷的女性是有传统的。"这叫做自我苛求，"女总统曾经说，"我们女性永远要自我成全，自我克制。今天的情况是，内斯托尔的离世迫使我继续往前走。"

失去了伴侣，她本处于生命最灰暗的时刻，克里斯蒂娜却以意想不到的方式反击了。她既不是没人陪伴就不能继续生活的孀妇，也不是借着时间流逝而假装痊愈的人，更不是没有勇气面对突发挑战只懂得抽泣的弱女子。她的确会不断流泪，但她充满勇气。或许，对这段痛苦经历的最佳概括，就是克里斯蒂娜在年初最重要的那一场演讲中的一句话：在那场演讲里，她向大家承诺，自己拥有"全世界的力量"，但她也补上了一句："我一个人办不到，需要大家帮助我。"

从履职之初，克里斯蒂娜就被政治系统和媒体系统的发言人们低估了，这些发言人期待着她出现精神危机，或者掀起针对科沃斯的党派集团之间的血仇斗争，或者促成镇压造成人员伤害——只是这样的镇压从未发生——或者发生能够导向"公正"话题的恐怖事件："公正"话题早已被宣布为禁忌，自纸媒创造之初就是如此。然而，虽然所谓丑闻一件接着一件，但女总统守住了自己的底线。面对每一轮不合时宜的攻击，她那从青年时代就参与政治战斗团体而养成的平和性格，依然故我。我之所以说"不合时宜的攻击"，是因为在一个民主社会里，显然可以也应该出现反对和批评的声音。应该说，曾经出现过有根有据的批评和检举，直到当下，针对这些检举的调查仍在进行。但在这里，我所指的是另一种情况：如检举根本子虚乌有的受贿行为，披露所谓向外国大使馆求助的信件，或者雇佣枪手在人群中射击，故意引发政府的镇压与示威者的死伤以嫁祸给政府。我说的是那些政客操纵和媒体操纵，那些事情谁也没法否认，不管是支持、反对，还是置身事外。

回到2008年那种令人压抑的氛围，几个集中于媒体和农产品交易的集团，跟几乎所有的政治反对派联合起来，坚持炮制克里斯蒂娜负面的公共形象，抓住一点，以偏概全，围绕"过多"这一点做足了文章。他们指责她购买了"过多"的手提包，化妆上也有"过量"的嫌疑，她跟记者们的关系"过分"地疏远了，她在全国电视节目上的曝光率却"过多"了。克里斯蒂娜"过分"听从她丈夫的话了，而内斯托尔又"过多"地介入克里斯蒂娜的政府工作当中来了。她的演讲"太过"精彩了，这暗示着她肯定是把讲稿全都背下来了。她还掌握着"太多"的数据信息，这影射她对什么都一窍不通。她嫁给了一个"过分"不修边幅的男人，她自己却整饬得"太多"。

克里斯蒂娜从一开始就受到如此猛烈的攻击，并且那种想把她废黜的狂潮始终不肯罢休，只不过这反而坚定了她捍卫自己位置的方案，谁都不知道事情会如何、按照什么样的节奏发展。但这已经是后话了：当2009年的挫败发生后，反对派们都以为克里斯蒂娜要偃旗息鼓了，但她又回来了，回归的势头之强，让当时的人们都有点难以置信。阿根廷航空的国有化，退休与养老基金管理推行14年之后，社会保障资金又重新回到政府手中，世界儿童救助基金现在把孕妇也包括在内，同性婚姻法获得通过，特别是媒体法的通过，这一系列动议标志着克里斯蒂娜位置的巩固。

克里斯蒂娜·费尔南德斯的政府是阿根廷历史上发生如下情况的第一届政府，其稳定性受到了市民部门、经济部门和政治部门的直接威胁。这一情况显露出上述部门期望削减民主政权机制的意愿，但他们并不像20世纪70年代的人们所宣扬的那样，只是呼唤"生活方式"的转变，今日的反对者是在捍卫特定的经济利益。这种情况在克里斯蒂娜政府执政时期，比内斯托尔执政时期更加明显，这更加证明经济范式和模型发生了转变。从那时起，我们就目睹着一场潜伏的斗争，斗争当中的一方清楚表明了斗争方向是什么，而另一方则高唱共和国的咏叹调，却没有明白透露出有建设性的具体方案。尽管如此，我们还是可以辨别出，无论是极端还是温和的右派，虽然他们已经表现出来，但不肯承认全球资本主义体系下的新自由主义还延续着失败和危机的老路。

就女总统这一方面而言，她提出的"国家与民众计划"实则代表着一个集体共享的、在历史上不同时期受到挫败但仍然鲜活跳动的阿根廷的古老梦想。克里斯蒂娜的计划再次抓住了这个政治思想传统，在此传统中，斯卡拉布利尼·奥提斯、豪雷切、罗萨、庞隆、埃尔南德斯·阿雷吉、库克、加拉索等几个名字最为突出响亮。在现实中，这一传统化成了一股运动的力量，它汇集了团结起来的劳动者、社会组织、学生、青年人、知识分子以及来自庞隆主义普普通通的男人和女人，他们当中有些人来自左派，而有些人则是第一次牵涉政治。这是一个数量可观的群体。其中的矛盾，不但是可以预料的，而且其存在也是符合逻辑的。因为并不是所有人都具有相同的历史背景和一致的利益诉求。不管是在庞隆主义阵营和其他非庞隆主义阵营当中，都因为对基什内尔主义"归属感的程度"不同，从而存在裂隙和掣肘。然而，假如很好地理解了运动的倡议——这一倡议就是为了适应每一种环境——理解了这层意思，那么也就可以避免伤害到集体行动了。

我想起2008年的一段个人回忆。我仍记得当时是怎样的瞠目结舌、错愕不已，既是因为当时的霸权媒体表现出的恬不知耻，也是因为有一个背景强硬的政治领导层在背后为其撑腰。那时，媒体法的相关讨论还没有开始，许多民众都缺乏抵抗这种媒体操控的工具。

2008年是不可思议的一年，事态最高潮的时候，电视荧幕上分成左右两部分，平行展示着女总统和阿尔弗雷德·德·安赫利斯（Alfredo De Angelis）的形象。有五个人在布宜诺斯艾利斯北区敲锅示威，每晚都有一个电视频道会开着采访车去录他们。全国的主要通道都被所谓的"自

前言

动集会者"所切断,我们后来才知道,这当中最恶劣的那些事件,是由从前所谓的"涂面人"❶策划安排的。似乎祖国的命运,与运载大豆的车辆休戚与共。这不能不让人觉得匪夷所思,但事件的真相确是如此。

2001年,据说这是未死方生的一年。五位总统相继离职之后,又过了两年,爱德华多·杜阿尔德提名内斯托尔·基什内尔作为总统候选人,以期让他在2003年与梅内姆角逐阿根廷总统职位。上述是一份简短的编年史,记述了从历史性灾难到基什内尔主义的兴起。我的这种说法与其说是歌功颂德,不如说是如实记录。然而,在2003年,凭空幻想其后将发生什么事,那是毫无根据的、荒唐的或夸张的,不仅从意识形态视角来说是这样,从更深层的文化角度而言,也是如此。

我们当时处在转折点上,可自己并不知晓。并不是简单地由哪一位掌权的政要促成了这个转折点,而是由广泛的社会各个领域造就了适合的文化和政治土壤。但这一阶段在2008年还是难以想象的。在现实和公民之间,还横亘着一架轰鸣的谎言机器。我们应该熟悉一下农业社团的头目乌戈·比奥尔卡迪以及《号角报》集团的首席执行官埃克托尔·马格内托,此外还有米尔塔·雷格兰德。有一点是非常必要的:要在整个历史中了解各个时代背景,并且把人物放在背景之中去考量,这其中不仅有克里斯蒂娜·费尔南德斯,也包括那些审视她和评判她的人。

2008年,正如本文开头所说的那样,出现了"母马"的形象,与此同时还有"双重指挥权"这一说法。民主回归之后,阿根廷还没有任何一位总统,遭到如此放肆、如此顽固的攻击。这一年,我很确定我们的政府将是一个庇隆主义政府,正是这一令人印象深刻的暗示,促成了克里斯蒂娜最终履任总统,虽然她在第一轮投票中就已经胜出。然而,她搅动了沉睡的偏见,激起了保守主义者的血脉贲张、愤恨不已,对她的攻击也变得更加深入、多样,但所有这些并不集中在克里斯蒂娜所主张的庇隆主义,而是自然而然地,都在针对她与生俱来的女性身份。

---

❶ 阿根廷的一个极右军事组织。——译者注

这里需要就上面所说的"攻击的多样化"再做一点解释。当下我们看待事物的方式仍然是厌女症大行其道，这令人不可思议。以至从总统竞选以来，很少有人谈论围绕克里斯蒂娜的形象而大行其道的性别歧视。2007年冬季，曾发生过一次针对窃取头衔的司法检举，因为有人指出时任参议员的克里斯蒂娜并没有律师头衔，因为她大学没有毕业。这次攻击引起了我们的共同回忆，让我们想到那些耳熟能详的假律师和假工程师。但弄清楚克里斯蒂娜·费尔南德斯实际上在1979年就毕业并获得了律师头衔，这并不困难。由于1976年的政变造成三门课程停课，但是三年之后，她通过了那三门课程。拉普拉塔大学可以出示这些证明。这第一轮攻击是想通过所谓窃取头衔这件事有所暗指，但其实在这一点上克里斯蒂娜无懈可击。人们在其他事情上总是畅所欲言，但当他们试图贬低一个女性形象时，总是陈词滥调："这个女人一无所知。"

反对庇隆主义的声浪很快和厌女症联合在一起，这其实并不令人惊讶。反庇隆主义对大众阶层——正是庇隆主义所代表的阶层——的排斥情绪，永远要隐藏在一幅面具之后并且永远要装作是对美学趣味的判断。20世纪50年代，言谈粗陋、样貌黝黑的劳动阶层的兴起让寡头集团惶恐不已，但这种排斥情绪的提炼只能表现在对艾薇塔❶的诋毁上，寡头集团辱骂她是"妓女""攀附女流"。但克里斯蒂娜不是艾薇塔，想要诋毁她不能从"阶级上升"的角度来抨击。她既不是仙女，也不是战士。想要攻击一个有血有肉的人，比攻击一个幽灵困难多了。总体而言，由于克里斯蒂娜可以被人们每日观察到，因此反对派的政治言论就回避了对具体真实事件的批评，而是将他们的不安转移到对历史舞台上的幽灵的指认。这种泛化处理的方式，让他们把批判转向经历过的模糊记忆，他们不去理性地质疑政治问题，而是以他们自身的方式来理解公众。反对基什内尔的批评之声的模式也来自主流媒体，其主要特征就是泛化，

---

❶ Evita，艾娃的昵称，庇隆总统的第二位夫人艾娃（Eva）的昵称。由于关心民间疾苦，在阿根廷民众中享有很高号召力，被尊为"国母"，但却为统治阶层所排斥。——译者注

前　言

不针对具体事件，同时作出一系列错误预测。

这样一来，不仅对北区❶的女士们而言，对所有看电视的女人们来说，克里斯蒂娜的形象都成了"母马"。此外，媒体上掀起的一股热浪也对助推这个绰号发挥了作用，这股热浪把克里斯蒂娜定义为"激愤的女人"。❷"母马"这个绰号成了那一时期人们的口头禅，但稍后它的意思又被青年党员和政治化的街区妇女翻转过来——"母马"这个词成了骄傲的代称。她们在游行的时候，身上的T恤印着"我们都是母马"的标语。其后，出现了一个名为"克里斯蒂娜狂热"（la Cris Pasión）的庇隆主义博客。

然而在她执政的头两年里，实际上，也就是直到2009年选举失利之后，那些曾经给克里斯蒂娜投票和认同政府的人们，也不敢在公开场合轻松地谈论这件事。似乎"基什内尔主义者"单单这个词语，就含有一种放肆无度的意味，仿佛你不仅拥护基什内尔，而且是个"极端基什内尔主义者"。那一年，不管在出租车上，还是在酒吧里，抑或在家庭聚会上，表达对克里斯蒂娜和基什内尔的同情和拥戴，都不是一件容易的事。那段时间，不少朋友分道扬镳。大家的私人生活也都出现了很大的调整。政治生活开始内化到每个人内心深处，混同了个人情感。一方面，这可以说是运行当中的怪诞体制所炮制的出人意料、矛盾重重的结果；另一方面，也可说是克里斯蒂娜在政治上作出的回应。

想要理解这个女性究竟是怎样一个人，我心中的这个欲求就来源于此。女总统不接受访谈，尽管我以前曾试图采访她，然未能成行。写作本书既是顺应当时呈现出来的全国与大众的风气，与此同时，也是我个人生命中的一种自然抉择。在职业生涯里，除了几次短暂的例外，我的工作始终通过小型渠道和非主流媒体传播。在写作本书的过程中，我不得不努力超越"官方立场"这个词，因为这个词显得蒙蔽心智，似乎可

---

❶ 在拉美，富人和中产阶级一般住在北区。——译者注
❷ la crispación，也是"克里斯蒂娜狂热"（la Cris Pasión）的谐音。——译者注

以为了报酬而说任何话,而且基本上都属于谎言。涉及政治话题,属于"官方派"还是"反对派",就被压缩成了究竟是赞成还是反对代表大多数选民的执政党。这种行为是最愚蠢的事情之一,它鼓动人们相信,假如一个人支持政府,就应该不管是何种政府,也不顾该政府捍卫何种利益而永远保持拥护的立场。根据我的一贯理解,知识分子的诚信和新闻人的实践,有不一样的标准。在我一生当中,我都是个富于政治反叛精神的记者,不管是对抗军事独裁,还是梅内姆政权,抑或是联盟派❶。我没给阿方辛投票,因为我年轻时参加过不妥协党(PI),但我也曾支持阿方辛政府,特别是当那一年,他说出如下这句话——"复活节快乐!我们的家园已经恢复秩序,阿根廷现在没有血污!"——当时我就站在广场上。追忆此情此景,我总能在记忆中复原出这一整句话。

我供职于新闻业已经超过30年,我始终清楚地认识到,在传媒行业最好的情况是,我们能在一个和自己的行为准则大体相似的一家媒体中发展我们的事业。我不是总会写下或说出我所想说的全部话语,但我绝对不会在未经思量的话下面签署我的名字,也不会写下任何一句践踏自己良心的话。

假如说20世纪中期,多种民众的力量在拉丁美洲兴起,而每一种力量都有自己的倾向,那么,这些运动必然引起如此深重的恐惧和蔑视,这是因为它们不是一艘艘载满单纯幻想而不付诸实践的愚人船,而是一场场提出了清晰的权力要求的异质性运动。有人觉得在其他拉美国家,凡是支持埃沃·莫拉莱斯、拉斐尔·科雷亚、卢拉、迪尔玛、乌戈·查韦斯、费尔南多·卢戈或佩佩·穆希卡这些领导人的选民,要么是被收买了,要么这些选民本身就是傻瓜;但也可以说,抱着这种想法的人,自己一点也经不起推敲,他们同样是幼稚可笑的。在拉美这一区域,任何投入政治运动的力量都是满含张力、处于对抗之中的,都是由多种不

---

❶ 全称为 La Alianza por el Trabajo, la Justicia y la Educación, 即工作、正义和教育联盟。——译者注

同的材质捏合成的。基本而言,一位拉丁美洲的领袖,必须有能力综合不同社会部门的要求,以便让他们结合起来,朝向一个超越性的计划而努力,这种组织与扶轮会拥趸的聚餐晚会毫无共同之处。

当我开始聚焦内斯托尔和克里斯蒂娜的生活时,试图通过文件和证明,重建他们从1974年结识,直至2010年10月27日内斯托尔猝然离世的生命轨迹,但有几个重要问题,我那时已经心知肚明,对我来说,这些问题确凿无疑,无须解释。例如,其中最为清晰的,就是基什内尔主义唤醒了人们加入党派的热情。

不管是内斯托尔,还是克里斯蒂娜,都已在他们的演讲中强调了多次,当他们说到,这一时期阿根廷最大的特点是政治的胜利回归时,这也是在表达一种断言,即政治还缺乏渗透力、层次感和整体形态。此时,我回忆起有关一位男同性恋行动主义者的轶事:在庆祝同性婚姻法案通过的日子里,他向我讲述的这段故事引起了我的关注。在他得到一个机会,能够接近内斯托尔,并向他表达希望内斯托尔支持性少数群体运动的诉求时,内斯托尔回答说,同意在行政机构支持性少数群体的诉求,而同时内斯托尔又补充道:"要把诉求变成组织行动!"也就是说,要激发群众的批判精神,让他们走到街头,向别人表达他们的诉求,组织论辩,咨询专家,广为传播,将论题放到桌面上,让他们肩负其责。

只有愚蠢者才会认为这是专制暴君的命令。毫无疑问,内斯托尔的话是一个民主主义者发出的邀请,只不过这类民主主义者,我们过去还未曾了解。组成党团组织的邀请,从2003年起,就已经被摆在桌面上了,虽然内斯托尔在他整个任期内都没能从有效的党团组织中获益。而在克里斯蒂娜执政时期,在逆境时党团组织的力量终于彰显。这种结成政治团体的思想,是内斯托尔和克里斯蒂娜从他们18岁那年起,对抗"政治公牛"所使用的长矛的明白无误的化身。这从来都是他们的斗争之道。他们从来没有轻易触碰电视政治,而电视政治早已被其他政治领导人所绑架;那类政治领袖在彩球之间跳跃,手握无线话筒,在舞台上不停踱步，仿佛自己是传播福音的牧师，而他们背后站着的，是为之提供咨询的外国顾问。

或许正因为如此，克里斯蒂娜作出了这个民族历史上任何一位总统都未曾作出的大胆决定。她命令国会拟订媒体法，虽然没有担保法案一定通过，但已经开启了不可避免的论争的大门。论争的话题必将涉及我们这些新闻工作者与媒体消费者之间已经固化板结的操纵机制。这次讨论是十分关键的。只有信任其他通信渠道的人才会开启这场辩论，因为媒体的报复行为过去曾发生过，而现在仍旧令人恐惧。

这里，我提供了一份克里斯蒂娜的生平纪录和一部片段化、风格随性的传记，其中可以看到她生命的风景，也可以呈现出一代人的经历。所谓风景，就是她从来未曾放弃的政治团体精神，不管克里斯蒂娜当时是平民百姓，还是在立法机构或行政部门任职。所谓一代人，指的是1973年的一代人。在当年，内斯托尔和克里斯蒂娜还属于基层党组成员，他们并不认同武装斗争，但他们为如何通过集体方式实现庇隆主义作出了表率。令人惊讶的是，在他们18岁时、25岁时、35岁时，抑或50岁时，这种政治团体精神都能在他们身上找到，因为他们保持了一致的政治视域。

今天，新的一代人在民主政治下诞生、成长起来，接力棒将传到他们手中。从我记事起，这个国家从未爆发过如此强有力、如此信守承诺的政治团体精神。至于这些青年人，他们以自己的方式，结合并重新创造了内斯托尔和克里斯蒂娜始终赋予的特质：那就是政治的理性精神，诉诸辩论、呼吁讨论，政治团体精神需要人们保持鉴别力、不能陷入催眠状态。任何一个不懂得独立思考的人都不能成为党组中的一员。但更重要的是，永远要饱含情感。所谓情感，包括庇隆主义的情感、基什内尔主义的情感、克里斯蒂娜主义的情感。否认情感，就意味着只能片面地看待当今阿根廷的现实，甚或是无视阿根廷的现实。女总统克里斯蒂娜，甚至在她沉浸于痛苦中时，也会走上舞台与讲坛，将自己的激情奉献给她的事业。在我们的词汇表中，入党这个词或许显得无足轻重，已然有些老旧，仿佛要把我们带回年轻时代，在墙壁上挂满政治海报的青涩回忆。然而，对于克里斯蒂娜、对她的事业、对她仍将投入的战斗来说，是至关重要的；唯其如此，她才能延续过去的自我，她才能继续她身为普通党员时所做的斗争。

目 录

第一篇

第一章　政变与刺绣 ·· (3)

第二章　皮令叔叔遇害 ···································· (19)

第三章　拉米瑟高迪亚修道院学校 ···················· (26)

第四章　风韵与魅力 ······································· (36)

第五章　拉普拉塔，1973 ································ (48)

第六章　与他相识 ·· (63)

第七章　格拉蒂丝与奇切 ································· (71)

第二篇

第八章　南方 ·· (89)

第九章　母性 ·· (105)

第十章　姑姐与弟媳 ····································· (112)

第十一章　照片与效率 ·································· (122)

第十二章　新兵费尔南德斯 ··························· (128)

第十三章　在宪法事务委员会时期 ·················· (138)

第十四章　卡塔马卡省的暴行 ························ (149)

第十五章　抵达玫瑰宫 ………………………………（156）
第十六章　政府、斗争与决策 ………………………（168）
第十七章　内斯托尔 …………………………………（179）
致　谢 …………………………………………………（189）
附录1　人名对照表 …………………………………（190）
附录2　组织机构名对照表 …………………………（200）
译者后记 ………………………………………………（202）

第 一 篇

第一篇

第一章　政变与刺绣

2010年9月初，我与克里斯蒂娜·费尔南德斯·德·基什内尔进行了第一次会谈，商讨本书的写作。那是在她玫瑰宫的办公室里，我永远忘不了将我引领到她跟前的那永无休止的几步路。她在书桌另一端等着我，站立着，身穿一件带翻领的主教红色的外套。片刻之前，在总统府前厅，当一位女副官和一个警卫员说话时，我问自己，那些种在巨大花盆内的棕榈树被人修剪了枝丫，这到底是女总统下的命令，还是历来如此：枝条都整饬有型。这是我生平第一次站在总统府的前厅，当时十分紧张。我觉得这是个有性别歧视色彩的问题，怎么能问一位女总统："是您亲自负责总统府的植被吗？"

对我而言，这不是一场气氛轻松的采访。我必须克服她的外在形象来书写她本人，同时还必须对她讲述我头脑中对她的看法。这本书本应该成为另外的模样，是我们曾经谈论过的那个模样，但是现在不能那样写了，主要是因为内斯托尔·基什内尔忽然去世了。

我希望围绕着克里斯蒂娜20岁那年的一帧照片讲一讲。那帧照片拍摄于拉普拉塔动物园的铁栅栏前。现在在博客上常被转发。照片上，她目光低垂，头发很长，额前的头发被发卡束好，露出宽洁的额头。她抽着烟，身材纤细，身着紧身裤，上身穿着修身的小衬衫。

那天晚上，我跟她讲述的总体想法都是围绕这幅照片展开的。我打算问她，照片上的那个小姑娘，一名1973年的大学生，当时"过着怎样的生活"。那时，她是站在成百上千个庇隆主义党员中的一名。这小姑娘对众人而言，在当时还是个谜。这个想法又总与另一个念头相关：克里斯蒂娜·费尔南德斯和内斯托尔·基什内尔穷其一生坚守着他们那个时代，而他们领导的政府也响应着那个时代的号召。当内斯托尔从总统府的墙上取下魏地拉、比尼奥内以及本迪尼的肖像时；当内斯托尔在联合国大会上发言宣称他是五月广场上的那些母亲与祖母们的儿子时；当他说到"失踪人士"时，称他们为"我的同志们"的时候，我即刻领悟到这一点。

虽然我把票投给了内斯托尔，但那时对他并没有多少信心。经验告诉我，不应该轻信，而应该审慎，因为权力会腐蚀所有人。正如在阿根廷，我总会看到权力败坏人的思想。然而，等到内斯托尔的执政风格呈现出某些粗线条的轮廓之后，我有着特别强烈的感受：我们所面对的和以往所经历的完全不同，虽然还不知道未来会怎样。因为从来没有一位阿根廷的民选总统把肮脏战争中❶的失踪者称为"我的同志们"。

细致了解了他们两人的青春岁月之后，我知道"我的同志们"这一称呼并非隐喻，也非委婉的说法。他们两人都来自革命热情高涨的1973年的拉普拉塔。他们在青年时代就加入了党派组织，虽然反对武装斗争，但他们同很多人一起梦想着拥有真正的祖国，摆脱殖民地的阴影。

"我的同志们"这一称呼包含着特殊的理念和对逝者的承诺，也令我感受到为逝者争取正义的尊严。我第一次听到了一代人的呼唤，邀请人们去引发超越个人命运而置身于集体的思考。每当我们讲到"集体"，不应该只想到当下时刻。"集体"一词和"我们"的含义包括许多代人。

正因为如此，当我第一次考虑到本书的创作时，我想应当围绕克里斯蒂娜的这张照片展开。我想要重现这个年轻姑娘梦想中的乌托邦，在这样的背景下讲述她的生命历程：我要知道那个姑娘曾经具有的何种精神，仍旧跳动在女总统的胸膛；哪些观念仍旧初衷未改，而哪些观念随着岁月已变迁。

---

❶ 此指1976~1983年阿根廷军政府以暴力抵制不同政见人民的行动。——译者注

然而，2010年10月27日，内斯托尔去世了。这本书的构思需要全盘更改，这不算什么。与逝者相比，无足轻重。我曾想过放弃本书的写作或者先搁置一旁，因为我觉得克里斯蒂娜失去伴侣之后，我不能再接近她。他们告诉我先等一等，一边继续工作一边等待，她正面对丧夫之痛。他们还告诉我，虽然我几乎天天看见她在仪式上讲话，身着黑衣，从她丈夫去世的次日就开始毫不停歇地工作，然而许多次，每当痛苦来袭，她就把自己关在办公室里，或者其他能够藏身的临时处所中，独自啜泣。

或许我可以说，现在的我也体会到了孀居生活，了解到她所背负的东西会带来巨大压力。出于同情和理解，我又再次提议，是否可以放弃本书的写作计划。这本书的负责人总会给我相同的答复。这个人就是总统的秘书长奥斯卡·帕里义，他对我说："她能行的，但她需要时间，等她准备好了会通知你的。"

虽然他的话我没有全信，但我还是跟记者维纳·佩尔托特疯狂工作了几个月。通过对不同见证者的采访，我重建了他们的生命历程和党员生涯。1974年之前，只需要谈谈克里斯蒂娜。但在那一年之后，她的生活就复杂起来。内斯托尔和克里斯蒂娜之间有一种其他夫妻之间少有的密切联系。既然得知他们两人之间的关系如此交织重叠，也就很难仅仅关注两人当中的某一个了。

最后，当能做的事情都已经做完的时候，又到期限了，我再次提出，既然时间紧迫，不如把出书计划继续推迟。就在此时，帕里义打电话告诉我："总统说，这个周六你们可以在埃尔卡拉法特见面交谈。"三天之后，我见到了她。

在我们的第一次会谈中，她就曾经告诉过我，假如要写她的生活，我们就应该约在埃尔卡拉法特，看过绿色与白色的埃尔卡拉法特之后，就能更好地理解她本人，更好地理解她在那里的感受。她还对我说，应该去看看她的玫瑰花,她会带着园丁手套亲自照料它们。因此,我们最好在卡拉法特见面,而不是奥利沃斯宫,因为她在自己家里更放松,而她的家在南方。

在第一次会谈中,我还保留了一段个人回忆。我们在她的办公室谈到很晚,这时秘书给她递过手机来。电话另一端是内斯托尔。于是我听到了他们夫妻之间如何对话,也见证了这对夫妻间频繁互相致电中的一通电话。后来在我们谈话中为数不多的忧伤时刻里,她告诉我,他们两人都把对方当做必不可少的倾诉者。我不知道那晚他们到底聊了些什么,但我还记得她说话时的腔调。有一点讥刺、彼此信任而言谈随意、零星穿插一些粗话。其中一个时刻,克里斯蒂娜对她丈夫说:"我正在跟一位你会喜欢的女记者聊天呢。"出现了一段停顿,而后她笑着反驳说:"得了吧,亲爱的,你不那么喜欢女记者。"挂上电话之后,她告诉我:"内斯托尔要献给你一个吻。"

我曾经三次见到内斯托尔本人,却无缘私下会谈,但在这里,我还想追忆一下,他给我打过的唯一一通电话。那是 2004 年 5 月。我当时在《第十二版》日报编辑部工作,是文化演出版的编辑,但时不时也写写政治专栏。那一天,我刚刚发表了一篇专栏文章,谈论 5 月 25 日❶数以百计的出租车带着小小的阿根廷国旗出现在街头巷尾,这是第十频道的广播鼓动的。前一天,内斯托尔当选总统后接受的最初几个访谈中的一个就是与这家广播电台的。我在专栏中写道,基什内尔"已经给右派赠送了一块小糖果,可以预见,右派会继续把这块糖果含在嘴里的"。这两行文字插在一段不太显眼的新闻中间。当天下午,日报给我转过来一通电话。他们告诉我:"主席❷先生要跟你讲话。"我想可能是某个组织的主席,但怎么也没想到会是国家总统。内斯托尔的声音出现了,他对我说:"是桑德拉吗?"我下意识地回答道:"是内斯托尔吗?"我心里暗

---

❶ 5 月 25 日是阿根廷国庆日。——译者注
❷ 西班牙语的"主席"和"总统"是同一个词。——译者注

骂自己怎么这样失礼。但他只是笑了笑，原谅了我的错误。我不记得完整的句子了，但我还记得谈话的最后部分："我早就习惯跟睿智的女性打交道了。你想象一下，每天都有克里斯蒂娜在旁边……"而后，他又告诉我："我打电话是想告诉你，我读了那条新闻，我觉得你说的有道理。我错了。"听了这话，我完全手足无措了。

那天早晨我来到埃尔卡拉法特。有人来找我，并把我安排在一家酒店里。一小时之后，克里斯蒂娜的私人秘书之一、埃尔卡拉法特人巴勃罗·巴雷罗给我打来电话，确认说将中午过来找我，然后陪我去女总统的家中。余下的时间里，我一直坐在酒店的长廊，看着地平线上白雪覆盖的山峰和万丈阳光下从冰雪间蒸腾而出的薄雾。这时，绿色的埃尔卡拉法特跃入眼帘。

此时已然是中午了，在巴勃罗的陪伴下，我们走过一片巨大的花园。花园里，沿着棕色围栏的周边，可以看到生长得浓密而健康的玫瑰花丛。我深吸了一口巴塔哥尼亚的空气，许多被我采访过的"企鹅"❶都曾谈论过清冽、强劲和有质感的巴塔哥尼亚空气。

基什内尔家的公寓很大，遵照着南方人所谓的"历史性"建筑风格。屋上盖着金属的黑瓦，四壁是砖石墙面，窗台上摆着花。我们走到房前，上了一段台阶，房门是敞开的。克里斯蒂娜穿着家居服迎接我：黑裤子，黑毛衣，净面素颜。

我们目之所及的大格局里，一片空间连着另一片，许多角落里都放着松软的座椅。所有陈设都让人觉得舒服。除了房子的视野，绝无奢侈之物。从房子可以望见环形海滩和雪峰。室内一切都堪称完美，布置得也恰到好处。四下一片静寂。

我们来到紧挨着厨房的起居室，我猜想那是她最常去的地方。她走在前面，指给我一个单人沙发，我便坐了下来。她在另一张沙发上坐下

---

❶ 在阿根廷，内斯托尔及其拥护者被称做"企鹅"。——译者注

来，两张沙发之间隔着一张深色木制边桌，我将三个录音器一一摆在桌上，一个数码录音笔和两个卡带录音机。"需要这么多？"她问我。我回答说，在等待采访的几个月里，我有两三次梦见录音笔失灵而从梦中惊醒。我俩都笑了。在采访中间，她也很懂得利用录音笔的便利，因为当卡带停转，我需要翻面或换磁带的时候，她就会说："数码录音笔还在走，对吧？"而后便没有停歇，继续讲述。

我请求她从最初的记忆讲起。别人曾写过，并且大家都知道克里斯蒂娜的父亲是反庇隆主义者，她的母亲却属于庇隆主义者。我还知道她跟妹妹席塞乐关系很亲密，因为在第一次访谈中，她就曾对我说："我要说……你知道吗？"仿佛她对自己说出的话感到惊讶似的，"我妹妹一直是我最好的朋友。"在她讲述的不同故事中，经常出现这些话："你知道吗""你看""我以前从没想到""你看，我怎么会这么想或那么想"。我甚至想，她此刻讲述的许多事情，或许此前从未全部讲过；这些故事沿着一条指引的线索发展，而实际上，她生命中的不同时刻第一次被这样地整合到一起。

关于她在托洛萨和拉普拉塔度过的童年和青少年，我原来不甚了解。我注意到，几乎我阅读到的所有材料，都介绍说克里斯蒂娜童年生活在一个核心家庭里，即父母双亲加两个女儿的小家庭。但事实从来不是这样，这个家庭比较庞大，外祖父和一位姨妈跟这家人住在一起，他们两人对费尔南德斯家的两个姑娘都留下了深远的影响。实际上，我请求她从头讲起，从她最早的记忆讲起。于是，她的思绪就飘向了遥远的记忆。我们之间隔着那三支录音笔、盛着浓缩泡沫咖啡的白瓷杯和一盘让我很难移开视线的巧克力糖。那些巧克力色泽鲜亮、形态各异、夹心也不尽相同。在盘子四角上放着的巧克力是树叶状的。不过，我一块儿也没吃。

1955 年

这是克里斯蒂娜·费尔南德斯记忆中最初的几幅画面之一。这幅画面既是家庭的，又是政治的。她刚刚两岁半，最初都是无声的画面，随着时间的流逝，才会加入语言。她的母亲和姨妈这两位女性悉心照看着她。此时，她们在租住的第四大街和第三十二大街交汇处的家门口，显得心烦意乱。母亲奥菲莉亚·威尔姆和姨妈诺艾米·威尔姆望着有轨电车进站的方向，每天外祖父就是从那里下车，再走回家里的。外祖父当时在里奥圣地亚哥的海关工作。

年幼的克里斯蒂娜不知道发生了什么事，这一天其实是发生政变的日子，这一年是1955年。母亲奥菲莉亚和姨妈诺艾米无法平静下来。她们两个时不时地将她抱起来，而后又放下；往前走几步，又后退几步。两个女人一直说着外祖父。

"爸爸来了吗？"

"爸爸没事儿吧？"

"爸爸什么时候回来？"

"那个人不是爸爸吗？"

她们都望着有轨电车站的方向，那也是里奥圣地亚哥的方向。在风景深处，可以看见发红的天空中矗立着几个巨大的柱子和YPF石油公司的油罐，旁边就是海关。卡洛斯·威尔姆生活在布宜诺斯艾利斯，一辈子都是一个布宜诺斯艾利斯人民保守党党员，其实他很多年前就已经是一名庇隆主义者了。在推翻庇隆的那天，海军上将罗哈斯威胁要轰炸里奥圣地亚哥的蒸馏厂。威胁演变成真实的轰炸事件，这起轰炸事件就发生在轰炸五月广场之后，它造成了庇隆无法还击的局面。

"这幅画面没有配上语句，但后来我自己把语言复原上了。"克里斯蒂娜说道。奇怪的是，她讲到幼年时的自己，声音和平时演讲时的沙哑声音不同，"妈妈和诺艾米姨妈在门口抽泣，她们搓着手，望着街角。我的外公被囚禁了两天。我们几个人住在一起。我很敬爱我的姨妈和外公，我的庇隆主义思想就是从那里继承来的。正是他，我的外公，让我成为一名庇隆主义者。"

外祖父卡洛斯·威尔姆是一名保守主义者，激进主义者集会的时候，他曾经带着两名男子给激进分子的汽车轮胎放气。当克里斯蒂娜还是小姑娘的时候，外祖父曾经带她到海关去。克里斯蒂娜一直记得通往海关的路。他们乘坐有轨电车，坐到拉普拉塔站，从那再搭乘火车。说到这里，克里斯蒂娜停住了，因为当她开始讲述的时候，头脑中就浮现那一时代的另一幅画面。她想起了火车站旁边的里塞奥海军学校的士官生，他们全都穿着白色制服，披着黑色斗篷。

她说，外公带她去上班，对她而言就像过节一样。外祖父的办公室，木地板洁净发亮。许多年之后，她发现了外祖父的入党证书。证书的封皮是深棕色的，上面有庇隆和艾薇塔的画像。当她跟我讲述这些经历时，她第一次插入了自己的政治理解，在随后的关于童年讲述中，她又如这次一般，多次插入政治理解。她告诉我，想要了解布宜诺斯艾利斯省，就必须了解人民保守党，索拉诺·利马就属于这个政党。初期庇隆主义从人民保守主义的党组织中汲取了不少养分。她说，这个政党不像北方省份的保守主义政党那样，后者是代表寡头阶级的政党。

"我外公受过穷，年轻时又在肉品加工厂工作过，他怎么会保守呢？等庇隆上台，开始搞节日奖金和带薪假期，你想想看吧。这个时期，我外公为副省长米克斯工作。我妈妈还记得，外公曾经带着她到副省长的办公室，米克斯问他：'黑伙计，你怎么有这么漂亮的一个丫头？'因为我外公皮肤黝黑，而我妈妈皮肤白极了，跟我外婆一样。我外婆是个西班牙美人，眼睛是紫色的。那次拜访当中，他们还给我妈妈带上了红色的贝雷帽。而外公那时候还向激进分子开过枪，你看那时候就是革命者了。"说到这里，克里斯蒂娜笑了。

当时人民保守主义思想号召兴建一个基础设施良好、道路交通完备的阿根廷，并强调国家的参与，但却认为阶级关系已经固化，没有变化的可能。等到庇隆上台，很多人立即拥护他，正是因为庇隆提出了阶级的可变性并且为工人阶级打开了新视野。很快，克里斯蒂娜的政治表达再次和个人情感回忆掺杂在一起。

"然而，1955年的政变一发生，这一切就结束了。因为我们马上就要被迫搬家了。"克里斯蒂娜说。

1955年政变之后，很多庇隆主义的法律都被废止，其中包括房屋租赁法。上面提到的第四大街和第三十二大街交汇处的房子是租来的。那是第一场骚动，也是第一场社会地震：忽然间数以千计的房屋租赁合同都失效了，因为房东希望把房子出租给出价更高的人。从那时起，克里斯蒂娜一家人就以另一种方式生活了。至少对于克里斯蒂娜是如此，当时她还是个小女孩。人民的生活开始变得更加艰辛，社会更加动荡。

负责照顾她的大人们都在为流离失所而操心，心思都花在如何再租一栋房子上，由于无房居住，一家人只能带着家具找住处。由于庇隆及其追随者被放逐海外，国内缺乏自由，即便如此，后来的阿根廷将是另外一番景象，情况会更为恶劣。随着时间的推移，这家人买下了一块地，然后在上面盖了自家的房子。虽然庇隆主义的社会福利法案已经垮台，但人们还能找到工作，因此当时的贫困率还比较低。克里斯蒂娜一家的房子建在拉普拉塔市第七大街和第八大街之间的碧斯522号大街上。时至今日，克里斯蒂娜的母亲仍然住在那里。虽然当时庇隆主义已经被禁止，但外祖父还是把克里斯蒂娜抱上膝头，并不是给她读故事书，而是把《我生命的理由》(*La Razón de mi Vida*) 展示给她看。这个小姑娘还不认识字，但专注地盯着艾薇塔的外套和服饰。

服饰还将在她的童年生活中占据独特的一章。虽然她没有在衣服的问题上花费很多唇舌，但也透露出在这个国家，当时的工人阶级也能买到绸缎、天鹅绒和薄纱。服饰、洋娃娃和书籍，是克里斯蒂娜童年生活的主要支柱。

"妈妈总是把希望寄托在我们身上，她想让我和妹妹席塞乐拥有她当年没能得到的东西。她自己的童年应该是更加艰苦的，肯定没有这么多洋娃娃。所以她给我买一切东西。别兰赫莉洋娃娃、比维亚娜洋娃娃，还有许多最漂亮的洋娃娃。我那时还拥有一整套的过家家玩具，包括一个小梳妆台、一张小床、一个小厨房和一组小衣柜。妈妈甚至把我也打扮成生日蛋糕上的糕点娃娃的模样。衣服都是她给我做的……多么不可思议，你看这些衣服，我小时候就穿了。我现在还记得有一件黑色百褶裙，非常漂亮，裙摆很大，原本是我妈妈的。我穿上这条裙子，假装是她。好多年以后，我遇到了一条一样的百褶裙，是巧克力色的，立刻就把它买了下来。我现在还会穿它，我对它情有独钟。等下次我穿这条裙子的时候，告诉你，让你看看。我还记着当时的一些服装，都是妈妈精工细作的。有一件带刺绣的裙子，是她为了庆祝我的生日缝制的。那条裙子配了一条珊瑚红色的丝绒腰带。真是美极了。我记得还有一条裙子是天蓝色的纱裙，也有褶儿，后背上还缀着玻璃扣，领口是婴儿式圆领。这条裙子上也有一条腰带，用的是更亮一些的布料，颜色也比天蓝色更深一些。是不是因为这个，我才那么喜欢束带和腰带呢？是不是因为这些衣服都是妈妈做的？能回忆起这些事情是多么出人意料啊。我的姨妈诺艾米得了癌症，年纪轻轻就去世了，不过我还记得小时候我看她化妆，我很喜欢看。妈妈和姨妈经常打扮自己，但姨妈才是那个会给自己化妆的人。妈妈不经常化妆。姨妈对手提包实在是着迷……你看，手提包啊！她很冶艳，非常冶艳。我还记得她那双手，永远完美的指甲，永远修剪得特别漂亮的红指甲。伴随我成长的两个女人，都非常女性化，不会放弃她们的女性身份。正好相反：她们会不断强化自己的女性魅力。我还记得另一套衣服，那件蓝色套装的布料真是不可思议……妈妈是从哪儿找来这些布料的呢？在拉普拉塔，曾有一家布料店，叫做'两个表兄弟'，这家店很出名，因为里面出售别处没有的面料。对我们来说，那可是一件重要的出游安排、一项重要活动：跟妈妈逛'两个表兄弟'面料店。"

费尔南德斯一家一直和外祖父卡洛斯和姨妈诺艾米住在一起，外祖父鳏居多年，而姨妈那时候是单身。姨妈的生日是 2 月 18 日，她为此跟姐姐奥菲莉亚陷入了长久的斗争，因为她想让大家把克里斯蒂娜的生日也登记成 2 月 18 日，这样就可以一起过生日了，尽管克里斯蒂娜的生日比她晚一天，是 2 月 19 日。"女儿是 19 号生的，你怎么能叫我登记成 18 号呢？"克里斯蒂娜回忆说，她听妈妈这样喊道。姐妹俩为这件事争执了很久。她们虽然经常吵架，但其实相处得很好。妈妈、姨妈和外祖父都会给她们买书。那时候，书籍是挨家挨户上门推销的。百科全书、多卷本的字典、全套选集、艺术史、百事通类书籍、辅导书。可他们几个人一本也不读，书全是给克里斯蒂娜和席塞乐购置的。这些书不仅激发了她们战胜自我的意志，也是未来事业对她们发出的邀请。克里斯蒂娜开始阅读所有来到她家里的书籍。所有书籍，甚至包括字典。这个习惯一直保持到现在：书籍对她而言，是一种庇护、一种消遣、一次停歇、一段时间的隔离独处，也是新的观点和思考的源泉。

克里斯蒂娜说，她妈妈不读书，其中一条原因是每天都要工作。那时候，妈妈在税务局总办公室上班，有一段时间还是负责人。但是除此之外，等克里斯蒂娜记事了，她还担任税收及不动产雇员协会（AERI）的秘书长。她是个"非常特别"的工会会员，克里斯蒂娜说的时候语调上扬，有着重强调的意味。她母亲在工会工作的二十年间，从未请过假。克里斯蒂娜强调的口气中带着些许骄傲。AERI 是一个省级工会，跟国家公民联合会和国家工人联合会的关系都不好。母亲曾说，请假的人会跟劳动人民拉开距离。

"但是在领导班子里，几乎所有人都请假，唯独她没有，而她是秘书长。很奇怪是不是？"讲到这里，克里斯蒂娜笑了，"正因为如此，妈妈才很少在家里。就因为这个决定，她才牺牲了业余时间和许多原本属于自己的家庭时间。那是因为除了本职工作，工作日程中还加入了繁重的工会工作。"

当讲到自己的童年时，鉴于克里斯蒂娜的描述，她童年的家庭构成跟她与内斯托尔·基什内尔组成的家庭十分相似。至少在这一点上相似：家庭成员庞大，使得女性有条件外出工作并将精力倾注在政治生活上，孩子在这样的家庭庇护下成长。

当我们在她位于埃尔卡拉法特家中的起居室谈话时，手机铃声响了起来，她直接接通了电话。是一个她在意的人打来的电话。此时我们单独待在一起，没有秘书为她转接电话。接电话时她大声地笑，素颜也神采飞扬，想必电话另一端有人让她兴奋不已。

"没有，没有，我没有欺骗桑德拉·卢索。啊，你原来不肯出现，现在却要过来，为了不让她只听一面之词？好，我觉得很好。对了，你得在球赛以前赶过来。"

挂上电话的时候，她又笑了。

"马克西莫说，让我不要骗你，还说他现在就要过来，为的是让你不要只听我的一面之词。你注意到他是谁的儿子吗？完美的基因啊！让我不要骗你，他说的，脸皮真厚啊。"

这个电话让她快乐，面容也为之改变。马克西莫在她生活中占据一个非常重要的位置，不是因为他是克里斯蒂娜的儿子，而是因为他这个人能让她愉快。他很少对克里斯蒂娜让步。他也不是依偎着妈妈的乖宝宝。马克西莫跟她开玩笑，逗她，让她欢笑。他始终生动活泼，流露出一种幽默感，既像他父亲内斯托尔，又和他父亲一样有自己的特点。他讲话辛辣、略带嘲弄，而且机警聪慧。我已经见识过了，克里斯蒂娜是如何回应的，这些情感的刺激让她从内心缓和情绪，回归成一名普通人。后来，她告诉我：

"我不知道内斯托尔是不是曾经骗过我，就算他骗过我，也不得而知了。但有一点我能确定，那就是他从没让我觉得无聊。他自己也曾经这样对我说过，在这个世界上，绝不会让他感到厌倦的人就是我。自从认识他，直到他离世，内斯托尔都能让我笑起来。"

第一章 政变与刺绣

父　亲

或许讲述没有按照时间的顺序进行：正如此刻所见，我们要去接近克里斯蒂娜童年世界里的另一个重要人物，那就是她的父亲。克里斯蒂娜说过，她父亲是"反庇隆主义者"，还说，要想了解他的反庇隆主义性，就必须理解她父亲所认为的一个极端分子和塔利班分子，两者没有差别。这样辛辣的评语，她父亲爱德华多·费尔南德斯定能心领神会并付诸一笑。无论如何，克里斯蒂娜与他的关系是相当复杂的：

"这是一段艰难的关系，因为我出生之后，我父母才结婚。也就是说，我是单身妈妈生下的女儿。随着时间的推移，我后来才知道的，因为我看了我的出生记录还比较了日期。他们的结婚日期在我出生之后，但在我妹妹降生之前，这也解释了为什么我姨妈和外公跟他一直关系不佳。因为这件事，还因为他在政治上反对庇隆主义。他不喜欢黑人。"克里斯蒂娜说道，尽管说话的语调显示出她并不愿意这样生硬地说自己的父亲。"我不知道为什么。这算是移民后代的一种文化。我的祖父母是西班牙人。他们两手空空来到阿根廷，但勤劳能干，有胆识，并最终拥有了一家奶牛场，获得了较好的经济地位。那时候我爸爸清晨就起床给奶牛挤奶，是他告诉我的。但他不喜欢在农村干活，因为他说农村人烟稀少，而且总得弯下腰干活。总之，他就是这样的人。我祖父母也卖田产，后来又经营花房。我还记得很小的时候去贝尔城，那时候这一带还是农村，能看见'玻璃房'，他们就是这样叫那些花房温室的。我是喂牛奶养大的，我妹妹也一样。妈妈不能给我提供充足的奶水，所以每天爷爷奶奶都送来奶牛场的新鲜牛奶，然后在家里加热、稀释。爷爷奶奶生活得很好。后来，他们开始购置土地，买了很多土地。移民都有这种对土地砖石的疯狂热情。他们一共是兄弟五个，都获得了不错的经济地位。因为我爸爸不喜欢在农村劳动，祖父母就给他在三号线上买了一辆小型公交车。他曾经当过公共汽车司机，而后又买了两辆车，最后成了公司的合伙人。"

这位父亲跟她是有距离的。当克里斯蒂娜说起他的时候,这种距离感就显现了。她脸上不再有光彩,那种马克西莫打电话过来时,或者像追忆母亲为她缝制衣裙的可爱细节时出现的那种神采。她与父亲在身体上不够亲近。这个男人在克里斯蒂娜出生时还没有跟她母亲结婚,即使在婚后,他搬过来跟妻子全家人一起生活,也还始终保持着距离。然而,他仍旧将自己的一些特征传给了克里斯蒂娜。多年之后,克里斯蒂娜也仍旧被另一个男人身上的同样特征所吸引,那就是幽默感。

"我身上有不少父亲带给我的东西,"克里斯蒂娜说,"我有父亲的那种辛辣尖刻。我妈妈是个没有幽默感的人,不仅如此,她根本不懂得那些笑话,甚至让她觉得很麻烦。爸爸很辛辣尖刻、洞察力强、极为聪明。我永远忘不了当我告诉他,我要嫁给内斯托尔时他的反应。我们坐在他的轿车上,因为他总是载我到中学,后来也载我到我就读的各个地方。那一天,我告诉他:'我要结婚了。'他当时几乎不认识内斯托尔。他对我说:'要结婚了?但你知道吗,婚姻可不像你挂在壁橱里的衣服,可以穿在身上试一试,不合适就换另一件。你要做什么,自己确定吗?'我回答说:'确定!'我们俩之间的对话就是这样。他就没有多说什么。内斯托尔第一次来我家的时候,戴着方框眼镜,穿着绿外套。我爸爸就对我说:'这个人好像刚从山上下来啊。'非常轻蔑。我觉得他可能是觉得内斯托尔看起来像是那时候庇隆主义劳动青年联盟(JTP)的人,那些人操纵着阿根廷电车工人联合会(UTA)。因为我爸爸是公司合伙人,他那时候正跟那些人做斗争,因而特别厌恶他们。"

如此一来,克里斯蒂娜少女时代的家庭结构就慢慢浮现出来。妈妈是一位一直没有请过假的工会成员,她还积极地加入了党派组织。而父亲是一位雇主,不能忍受不得不和工会的人谈劳动条件的状况。家里还有一位外祖父和一位姨妈,他们虽然能接受和她父亲居住在一起,但不会忘记他给克里斯蒂娜母亲的女性尊严造成的伤害，因为她生下第一个女儿时还是单身。人际关系当中的这道伤痕，对他们所有人来说都是不可修复的，虽然小妹妹席塞乐的降生，使得家庭关系得以缓和。

"爸爸很宠爱她，她也很爱爸爸。他对席塞乐和对我非常不一样。当爸爸最终还是跟妈妈分开、离开家的时候，席塞乐特别气愤。不得不说：爸爸容易移情别恋。"

克里斯蒂娜的父母相处得一直不好。他们是那类不能互相理解的众多夫妻当中的一对。两人之间毫无相似之处。"对于他们的关系，我从来不去过多分析。"克里斯蒂娜说。后来当她对我说起她在心理学学习上遇到困难时，我就再次想起了上面这句话。

说到妹妹的时候，她截然表示，妹妹是家里最受宠爱的人。"我总是指责妈妈，比起对我，妈妈爱她更多，这一点妈妈也不能否认。而且也是千真万确。"她随口说出了这几句话。大家都很爱席塞乐，克里斯蒂娜和内斯托尔也是一样。席塞乐是位女医生。她的职业生涯一直是在公立医院，从没有在私人诊所从业过。她由于罹患肿瘤而退休，几年前曾经遭受精神分裂的困扰，现在已经痊愈了。

"有人说，我才是得精神分裂的那个人。对他们来说都一样，反正他们也分不清。他们总是把一个人当做另一个人，忽视了在一个家庭当中，看到一个人如此年轻，却又遭受这么多痛苦，这意味着什么。当她发病时真是太糟糕了。席塞乐很聪明，人也很敏感。极度敏感，我可以这样跟你说。得这样病的人对事物敏感度非常高，以至于你会觉得他们几乎是在给你占卜未来或者觉得他们可以读出你的心思。当患者接受治疗的时候，疗效很好。只有他们接受治疗，麻烦才能结束，因为一开始席塞乐不肯用药。对我来说，我觉得她的病很厉害，也很令人痛苦。我俩的关系一直很密切，超过普通的姐妹关系。她依赖我，胜过我依赖她，因为我妈妈总是把她托付给我。'跟你妹妹一起出门。''不要，妈妈，我不想跟妹妹一起出门。'但她还是把任务放在我肩上。这件事曾让我很厌烦。妹妹很爱我，我是她的偶像。内斯托尔也很爱她，她对他也如此。"

内斯托尔和克里斯蒂娜婚后，不再有庇隆主义革命思想倾向，因为他们并不认同武装斗争。那时席塞乐每天都要到贝尔城的房子去看他们。当时这对新婚夫妇跟奇切·拉伯力塔和格拉蒂丝·达雷桑德罗住在一起。某个星期天，有一场劳动者总工会（CGT）组织的游行，那天是推翻洛佩斯·雷加的日子。内斯托尔和克里斯蒂娜没有参加游行。

"那个星期天，我们在家里组织了一场烤肉。来参加的人有库托·莫雷诺、埃尔南·富恩特斯，也就是现在的参议员马尔塞洛·富恩特斯的兄弟，那时他已经毕业了。还有卡奇多·卡瓦耶罗，他是内乌肯人，以及卡洛斯·内格里，当时他已经是庇隆主义青年联盟的代表了。我们正在家里聚会，这时候席塞乐从游行那边过来了。我查了她的几本文件夹，结果发现她带着艾薇塔·蒙托内拉的传单。我就对她喊起来：'干什么呢，你？'我训斥了她。我们当时的思想非常激进，这不是什么秘密。内斯托尔会在系里的走廊大喊大叫。我们对即将发生的事态已经很明了，并且持反对态度。那就是政治的军事独裁化。在庇隆主义被禁止和流放的情况下可以出现政治的军事化，在独裁统治下也可以出现，但是在民主制度下，这行不通。哪怕我们不喜欢一个民选政府，也不能这么做。而且，我们这些青年庇隆主义者联盟的成员，进入社区，社区群众接受我们，因为我们是庇隆主义者，他们也是庇隆主义者。我们可以选择反对庇隆本人，但是你又能对信仰庇隆主义的人群做什么呢？人们不愿意论辩这些。那个星期天，我们当着席塞乐的面，把这一切都大声说了出来，最后我告诉她：'他们会害死你的，小傻瓜。'我和内斯托尔一起，拉住她把她说服了。我们救了她的命。"克里斯蒂娜点头肯定道，同时双眼望向虚空，"我们救了她的命。我很肯定。我们救了她的命。"

第二章　皮令叔叔遇害

在克里斯蒂娜讲述的童年和青春期中，有一些东西是让人意想不到的。我等了好几个月，终于可以实现对克里斯蒂娜的第一次采访。在这几个月的等待中，我一边期待着她可以度过丧夫之痛并料理政府的紧急事务，一边着手了解她的青少年时期。更准确地说，是从她高中的最后几年开始，那时已经非常接近1973年了。大家或多或少都知道，那一年她进入了法律系学习，并开始了与内斯托尔的恋爱关系，但是这些也并非人尽皆知。在最近的35年内，她的私人生活完全契合于国家的政治生活。

让人意想不到的是，当她终于出现在我面前时，她几乎是自言自语，有时并不看着我，坐在褐色的沙发上，喝了一杯又一杯的水。关于童年和青春期的回忆开始浮现起来，并不受个人意志的控制，这些回忆也涉及嵌入了那个时代最为重要的政治事件中的个人生活。

她在讲述过程中也意识到她的个人生活总是和政治事件联系在一起。她出生在一个政治化的家庭里，但是他的家庭和发生在她10岁时的科罗拉多阵营与蓝军❶之间的冲突并无关联。那时，她的家在托洛萨，距科罗拉多的炮兵驻地只有几个街区。

突然间她想起这一事件，并且喊道："蓝军和科罗拉多！我永远也不会忘记！"那天晚上，她家所在的街区完全陷入一片黑暗，无线电台不断地劝告居民关掉所有的灯，从而避免与军事打击目标——科罗拉多的

---

❶ 科罗拉多阵营与蓝军同属阿根廷军队，但代表不同的武装力量。——译者注

驻地混淆。该驻地位于13号大街与22号大街的交叉口。科罗拉多阵营和蓝军这两支不同的武装力量用炮击来解决政治分歧。这两支武装力量一方是庇隆主义的；另一方是反庇隆主义的，并且在其内部对于如何对待庇隆仍存在分歧。对抗以35人死亡、上百人受伤宣告结束。

科罗拉多控制着玛格达莱纳的第八坦克军团和蓬塔德因迪奥的空军基地。这两个目标都遭到了轰炸。1963年4月2日，上百枚炮弹被投向了这两个地区。

"我们当时非常害怕……十分艰难，十分暴力。我记得那些漆黑的夜晚，无法得知发生了什么，也记得当时家里弥漫着的担忧气息。一天晚上，飞机投下了一枚照明弹。我的疯姨妈诺艾米抓起扫帚，想出门去扫照明弹。我看着她，你看，她都被吓晕了，不知道她怎么了。我妈妈对她喊道：'过来，傻子！照明弹比房顶还高，你怎么扫？'我们都经历了怎样的事啊。当我听到有人谈论70年代的暴力事件，我不否认，但是暴力行为在任何时候都存在。从我记事起，我肯定。当我还是一个小女孩，我就记得所有政治事件都与暴力有关。在最近的30年里，自从民主重新回归后，暴力事件则成为例外了。现在说到了70年代。好吧，1971年我的叔叔皮令被杀害了。这对于我们整个家庭来说，是一个巨大的打击，对我来说也如是。"

我父亲的弟弟

克里斯蒂娜的父亲有一个比他小很多的弟弟，名叫奥斯瓦尔多，但大家都称他为皮令。当费尔南德斯兄妹将近20岁时，他们已经年过45岁的母亲又宣布怀孕了。她的孩子们都不相信，也一点都不想知道。甚至克里斯蒂娜父亲爱德华多的妹妹萨拉觉得让别人知道有这么一个小弟弟是很难堪的。

然而，当皮令出生后，一切都改变了。大家把他当做自己的孩子一般照顾。皮令出生就长着红发，典型的费尔南德斯家族特征。萨拉姑姑和皮令叔叔的关系非常亲密。萨拉本来学的是文学，当皮令在布宜诺斯艾利斯报名口腔医学时，萨拉为了帮助他，也报了口腔医学，并且和他一同毕业。这一切都只能用爱来解释。

克里斯蒂娜的爷爷奶奶是西班牙移民，通过辛苦的工作积累财富。他们不希望最疼爱的小儿子跟一个来自土耳其家庭的姑娘结婚。然而，皮令爱上了这个姑娘，无论如何都跟她结婚了。在他们婚后的第十五天，皮令在几个朋友的家里吃完晚饭后，开着雪佛兰400想途经拉普拉塔回到首都。他对拉普拉塔不熟，城中心的几个街角正在铺路。他看到一条路被封了，但还是开过去了。这条路只封了一侧，另一侧没有封。在第五警察局所在的街区（后来成为地下拘留中心），当他从警局门口经过的时候，有人从背后把他杀了。

克里斯蒂娜记得那晚痛苦的呼喊声。凌晨的时候，电话响了。她的父亲颤抖地哭着："皮令遇害了，皮令遇害了！"父亲把消息告诉自己的妻子，他双手捂着头不停地摇，想拒绝自己所说的："皮令遇害了！"仿佛这不是真的一样。他和妻子奥菲利亚立即上了汽车赶去第五警察局。那天晚上，爱德华多得去辨认他的弟弟。皮令是在第五警察局那里遇害的。

但是在家庭遭到不期而至的巨大打击的时期，费尔南德斯家族和威尔姆家族产生了分歧。克里斯蒂娜的父亲和母亲对这一事件的感觉是不同的。他们对发生的事有不同的理解，持相反的意见。

由尸检得知子弹是从皮令背后射入的。费尔南德斯家人向国家起诉，最终打赢了官司，因为在审讯中警察们的证词是明显矛盾的。虽然案情水落石出，但是每个人的不同反应让大家的心都乱了。

"我父亲把一切责任归咎于游击队。将街道封锁是游击队的错，而他的弟弟就在封锁的街道遇害。虽然在案件审理的时候清楚地得知是我的叔叔没有听到让他站住的声音，所以当汽车通过后，他们朝他开了枪，但是我父亲却不怨恨警察。最终，一个人对于这类事情的想法还是和他的基本生活态度以及世界观有关系。"

书　　籍

克里斯蒂娜对世界的看法与她阅读的书籍密切相关。2010年3月，她为著名的蒙泰罗·洛巴托的《新版小鼻子的淘气事》写了序言。在序言中，克里斯蒂娜介绍了她与这位影响了几代人的巴西儿童作家的三次机缘。第一次是因为一个上门卖书的书商："那时候可以通过分期付款买书。"她说，同时讲到她的母亲和外祖父喜欢把在托洛萨的家里塞满了书，都是给克里斯蒂娜和她的妹妹席塞乐看的。"我依然清晰地记得整套的蒙泰罗·洛巴托的《小鼻子和贝鲁琼的淘气事》到我家时的情形。封面是彩色硬皮的，上面印着小鼻子和贝鲁琼的脸庞，是用金线描绘的。对我来说，这是一个无法磨灭的视觉记忆。"克里斯蒂娜写到。

当然，这些是她童年时期的读物。随着时间的推移和政治生活的开展，后来她已然成为一个年轻党员的时候，童年时的那套读物再次出现在她的生活中。与蒙泰罗·洛巴托的重逢是在1976年。当时克里斯蒂娜已经不在父母家里住了，因为她结婚了。然而藏书室还是在父母家里，那是家族的财富，是家族留给她们两姐妹的智慧财富。而她们两个也不断地用她们喜爱的作者的作品丰富着这份财富。在《新版小鼻子的淘气事》的序言中，克里斯蒂娜提到了一些书中出现过的人物：埃尔南德斯·阿雷吉、鲁道夫·普伊格罗斯、阿图罗·豪雷切、库克、弗朗茨·法农、沃尔什、庇隆、加莱亚诺、贝内代蒂、达西·里贝罗、保罗·弗莱雷、萨特等。"幻想通往乌托邦。"她说。

1976年2月的一天下午是"令人憋闷的"。克里斯蒂娜回到她母亲的家里，看到她妹妹在给所有的书包书皮。席塞乐正动手拯救书房里的宝贝：除了包书皮外，她还剪下蒙泰罗·洛巴托选集的前几页，并且把它们粘贴在"邪恶诗人"❶的书的封皮上。在一片狼藉和悲痛之中,她要把这里假扮成一个巨大的儿童图书馆。"你在做什么?"克里斯蒂娜问席塞乐,同时发现妹妹四周堆满了书,还有剪刀和胶水。"妈妈疯了,她要把所有的书烧掉,她已经扔了《贫穷者》和《党员》❷了。"妹妹答道,并继续她的拯救工作。房子从未被搜查过。沃尔什、库克、马雷夏尔著作的封面如今继续伪装在《小鼻子和贝鲁琼的淘气事》的下面。

2008 年,她已经成为总统,第二次与蒙泰罗·洛巴托重逢。克里斯蒂娜在巴西与卢拉和外交部部长塞尔索·阿莫林共同进餐。餐桌上的话题无意间突然转到了小鼻子。阿莫林的童年生活同样有蒙泰罗·洛巴托的作品相伴。饭后他们开始谈论小鼻子的剧情,塞尔索和克里斯蒂娜高兴地聊着,卢拉在一旁倾听。就是这时萌发了把这个巴西作家的经典著作再版的想法。克里斯蒂娜在新版的序言结尾处写道:"为了小鼻子和贝鲁琼、艾米利亚和子爵、阿纳斯塔西娅和贝妮塔女士以及所有的帮助我丰富梦想和缔造乌托邦的人们。"

这些"世界观"早期使她的母亲远离了她的父亲,后来又使她自己也远离了父亲,克里斯蒂娜说话的时候既没有愤怒,也没有遗憾。所有这一切已经被远远抛在身后,不仅因为强烈的事件会起到掩盖的作用,也因为她不想为业已发生的而且不可逆转的过去所分心。但是,回忆起她的母亲为她缝制的耀眼服装和家人希望为这两个女孩提供他们未能拥有过的文化教育时,她的语调和提及父亲时的语调是不同的。高昂和热情的声音低下来后,为了避免不公正,她试着去平衡:看重他们确确实实已经给予她的,同时最小化她所没有的。但是仍有无法掩饰的创伤,她的声音带着伤痕。

---

❶ 指六名法国诗人,他们因一本《被咒诗人》的书而得名。他们分别是特里斯坦·科比埃尔(Tristan Corbière)、亚瑟·兰波(Arthur Rimbaud)、斯特芳·马拉梅(Stéphane Mallarmé)、马塞琳·德博尔德 – 瓦尔莫(Marceline Desbordes – Valmore)、奥古斯特·维利耶·利亚当(Auguste Villiers de L'Isle – Adam)、保尔·魏尔伦(Paul Verlaine)。——译者注
❷ 《贫穷者》和《党员》都是庇隆主义期刊。——译者注

然而，她是坚强的。她早已习惯于弱化情感的流露。当她讲述那些强烈的和有关情感的事件时，也并不避讳，但总是以一种政治分析的角度来看待，就像她评论一个人如何理解兄弟的过世，或者就像评论他父亲是如何看待皮令遇害那样，她会说"这关乎一个人的世界观"。克里斯蒂娜的世界观贯穿了她的讲述，也贯穿了她人生的不同阶段。有时候我们也可以很理智，但是对克里斯蒂娜而言，理智是她最好的防御工具。她用自己的方式把激情与理性相结合。

当克里斯蒂娜解决生活中的一些问题时，取道政治分析是她的保护墙，是矗立在她与其他事件之间的大坝，也是她赖以生存的氧气。

即使在谈到她母亲和父亲之间的裂痕时，克里斯蒂娜也是从政治角度分析的。她说，她那有着奶牛场和土地的爷爷奶奶把偏见传给了她父亲。他们可能永远不会承认生活富足正是由于他们的努力工作，并且和所处的国家条件允许有关。"倘若他们在西班牙以同样方式累断了腰，也不会得到什么。这里才是努力就会有收获的地方。客观条件可以使努力有所回报，可以使财富不断积累。但他们从来没有以这样的方式想过。"她说。

如今这个女人代表了国家的许多领域，但是她首要保护的是有组织的工人，因为在成长过程中、在自己的家中，她常常听到的就是一个人不工作是因为不想工作以及阿根廷人都很游手好闲的说法。反庇隆主义的人总是这么说。她的分析来自物质、家庭条件，还有在童年中就已经预先形成的对世界的看法。克里斯蒂娜·费德南斯从来不从精神角度去分析问题，尽管她之前确实在心理学念过一年。但是她回忆起那段经历时，她觉得"难以忍受"。

克里斯蒂娜起先学的是商务，当她想就读法律系——这是她自己的选择——的时候，却碰了壁。因为法律系不承认商学背景，为此她必须满足17项条件，以证明自己具有就读能力。

"似乎我们这些学商务的光有个资格证,实际上和仓库管理员❶没什么两样,这多么荒谬啊!实际上学商务需要完成很多课程,而且其中不少都和法律系有很大关系。这比其他任何系的课程与法律的关系都紧密。比如,我修了法律常识、行政法、政治经济法。但是无奈之下我只能先进入心理系学习。心理系不属于人文学科,而是在另外一个学院,离得很远,所以我不得不很早就起床。上帝啊,我到了那里之后对自己说:'你来这里做什么?就是来听这个的?'我最喜欢的是人类文化学,教授是马里奥·马尔古利斯。但是那时候他还有个助手……我得起个大早去上课。"她扶着头笑起来,"那不适合我。我喜欢辩论,尤其是辩论具体的事情。我讨厌谈论抽象的东西,这令我难以忍受。我喜欢讨论出个结果。我们讨论着,你有自己的道理,我也是,我们双方各退一步,就这样。但是我难以忍受模棱两可。"她解释着心理学课程的无聊,然后又换了一个话题:"你看那些失踪的人,最可怕的不是死亡,而是不知所踪的困惑。阿根廷的历史上充斥着死亡与酷刑,军事独裁带来的新的狠毒的东西就是'未知'。这是没有人能想到的,不能让人理解。每次有人仔细去想的时候,都会觉得不可理解。"

---

❶ 意指文化水平不高的人。——译者注

第三章　拉米瑟高迪亚修道院学校

我没有一直盯着她的素颜看，以免让她尴尬。我知道看到这样的她是个例外。我期待了好久，终于可以去她在埃尔卡拉法特的家中放松地谈一谈了。我有一些同事曾赶在 2007 年大选之前采访了她，那是克里斯蒂娜接受的仅有的采访。我和我的这些同事也聊了聊，他们对我说：

"她一点儿都没化妆，但是一样很漂亮。"

当她说话的时候，她认真思考，专注于自己的内心，而我专注于她。她的长发没有扎起来，但是做了造型，披散在肩头。我没问她头发是不是接长了，我觉得这个问题很愚蠢，因为现在作为总统的她和过去作为第一夫人时的头发明显不一样了。不久之前，有人发给我一封一个语言学家的抗议，反对克里斯蒂娜坚持使用"presidenta"❶ 这个词。这位语言学家解释说在西班牙语中以"e"结尾的词包含了两种性别，如果把总统一词的结尾改成"a"，和女经理（gerenta）、女安保市长（intendenta）一样的用法，那是错误的。但是在这种解释中，我读出了除了语法含义"阳性中包含着阴性"之外的东西，因此我认为我们应该用"女总统"（presidenta）这个词，我们必须反抗这条让我们女人成为从属的语法规定，这让我们女人又成为语义学上的男人的肋骨。❷ 所以，从政治的角度，就应当用"Presidenta"这个词来称呼她。

---

　　❶ 克里斯蒂娜用这个特定的词来表示"女总统"，因为在西班牙语中以"a"结尾的词表示阴性或女性。传统的西班牙语"总统"一词应该写做"presidente"，不分男总统或女总统都使用这一个词。——译者注

　　❷《圣经》说女人是由男人的肋骨做成的。——译者注

皮肤滋润，泛着淡淡的光泽，那种保养出的弹性说明用了很好的面霜。当她画着重重的眼线时，眼睛很吸引人的注意力。但是现在素颜时眼睛在脸庞上并不突出了。没有涂睫毛膏的睫毛，没有什么出彩，相反倒是栗色的眼睛很引人注目。素面朝天，克里斯蒂娜的脸庞看起来就是中年女人的脸，留下了岁月的痕迹，但是面貌柔和。像别人说的那样，不化妆的她也很漂亮，那是一种源自比例协调的美。她的鼻子很小巧，而且总是参与表情的动作：当她描述一些让她生气的事情时，有时会皱一皱，有时又会耸起鼻翼。嘴唇涂着透明唇彩，当她开怀大笑时会露出牙齿。盯着她的脸看似乎缺了什么，不一会儿我就发现是眉毛，公众面前她总是把眉毛画得很重，现在却很细，几乎看不出来。

关于她青少年时期的浓妆艳抹，修女玛利亚·罗斯塔·布朗克和马尔塔·拉维诺对我说过很多次。她们是拉布拉塔的拉米瑟高迪亚修道院学校的老师，克里斯蒂娜在那里上了四年级和五年级。15岁那年，当她进入这所学校的时候，她对政治很感兴趣，但她还不是庇隆主义的党员。确切地说，这所宗教学校延后了她投身政治的时间，因为克里斯蒂娜在校的两年，还是在军事独裁摧毁一切之前。在这之后由于当局的不理不睬，拉米瑟高迪亚的教室甚至被子弹打得千疮百孔，很多学生也失踪了。罗斯塔和马尔塔也说起了这些。

庇隆主义青少年

克里斯蒂娜15岁的时候进入修女学校，并且已经住在自己的家里了，房子位于7号大街和8号大街交汇处的522号，现在她母亲还住在这里。住在自己家房子之前的不久，他们家住在6号大街和7号大街交叉路口的34号，那是他们最后一次租房子住。在这里，克里斯蒂娜的个人生活再次与公众生活交织在一起，这其中还发生了一些奇怪的事情。克里斯蒂娜说，这些事情推动她成为庇隆主义者。

费尔南德斯家的房子坐落于瓜莱斯蒂家的正对面。玛利亚·埃莱娜和玛利亚·苏珊娜，是罗伯特·瓜莱斯蒂博士的两个女儿，是克里斯蒂娜非常要好的两个朋友，她们整天互相串门。她们是朋友也是邻居，这种关系要比住得远的朋友之间的关系亲密得多。她的祖父和这家也是好朋友。庇隆主义者之间总是相互吸引，瓜莱斯蒂医生是个重要人物。他曾经去古巴拜访他的朋友约翰·威廉·库克。❶

1962年，弗拉米尼－安格拉达这组搭档参加了拉普拉塔市长的竞选，瓜莱斯蒂是这一阵营中的一员，他参与了安保市长的竞选。克里斯蒂娜在瓜莱斯蒂家中目睹了这一竞选过程。弗拉米尼是贝利索历史性的纺织业大人物，他最终获得了竞选胜利，结果却不被时任总统弗隆迪西❷所承认。克里斯蒂娜也近距离地感受到了弗拉米尼的无力感。此时军事压力开始出现，几个月后以弗隆迪西政府的下台和基多❸的就任宣告结束。玛利亚·埃莱娜和玛利亚·苏珊娜的父亲尽管成功竞选为拉普拉塔的安保市长，却从未真正履职。

克里斯蒂娜聊起拉米瑟高迪亚修道院学校的修女时，她笑了。多亏了内斯托尔·基什内尔的牵线搭桥，2009年，罗斯塔和马尔塔去玫瑰宫拜访了克里斯蒂娜。克里斯蒂娜向她们问起了她常常想起的马格达雷纳修女。

"'她结婚了！'她们和我说的时候竟然没当回事。马格达雷纳修女摒弃清规戒律结婚了，而且是跟一个广泛阵线❹的成员，因为她是乌拉圭人。"

罗斯塔和马尔塔似乎是两个小说里的人物。她们可以不着痕迹地演一出情景喜剧。她们两位都是修女，现在就职于弗洛莱斯的拉米瑟高迪亚修道院的圣母玛利亚学院。1974年，二人中的一人是校长，另一人是

---

❶ John William Cooke，阿根廷政治家，知名庇隆主义者。——译者注
❷ 阿图罗·弗隆迪西（Arturo Frondizi）。——译者注
❸ 何塞·玛丽亚·基多（José María Guido）。——译者注
❹ Frente Amplio，乌拉圭左翼政党执政联盟。——译者注

拉普拉塔的拉米瑟高迪亚学校的宗教老师，她们在克里斯蒂娜就读的中学工作了18年。

她们之间有的不仅仅是友谊，更是一种母女情。她们是上帝面前的姐妹，[1] 这应该就是亲密关系的原因。她们共享人生，现在又共同回忆，罗斯塔讲话时忘了词或者记不清日期，马尔塔会在旁边帮她补充。当罗斯塔在回忆具体信息被马尔塔插话打断时，她会笑笑，而当马尔塔说出了她本来想说的话时，她也不会变脸。因为她们两个人就像拥有两套思想和两套回忆的一个人。她们身穿简朴的灰色修女服，这身衣服她们已经穿了35年了。

罗斯塔走路有些费事儿，马尔塔伸出一只手帮她，另一只手从口袋中拿出黑莓手机接电话。命运令她们相逢，多年以来两人相处融洽。谈及此事和其他所有的事，两人都十分泰然。

"当我是个孩子时，我的姐妹罗斯塔是我的老师。这不是为了告诉你她的年纪啊。"马尔塔大笑。

"不是为了告诉你我已经89岁了！"罗斯塔大叫。

"你看她多棒！"马尔塔直起身高声道，"一个美女啊。倒两趟公共汽车来到这儿。她还能照顾她的哥哥，比她还大，已经93岁了。"

"你快说你已经71岁了。"罗斯塔发话了。

"啊，罗斯塔。她曾是我的老师，上帝的旨意将我俩派到拉普拉塔。"

"是的，于是我们就去了。"

克里斯蒂娜带着商务学的资格证从拉米瑟高迪亚毕业了。许多年以后，罗斯塔和马尔塔看到了公众场合里的克里斯蒂娜，她们立即从她的妆容认出了她。除了那张熟悉的脸庞，还因为画着浓妆，她们为此确信：这就是她们从前的那名学生。她们就是这样毫无偏见地对克里斯蒂

---

[1] 修女之间互称姐妹。——译者注

娜·费尔南德斯的妆容作了她们的政治解读。

"当年她总是浓妆艳抹的来学校！那时她15岁了，是吧？"罗斯塔说。

"画着全套的妆！"马尔塔说。

"太妖冶了，太妖冶了。我的姐妹马尔塔是唱白脸的。因为我对她说：'马尔塔，你去让她把脸洗了再进教室。'"

"我让她洗脸是因为她是这么来学校的……"马尔塔指指睫毛，做了个展开并比画成弧形的动作。她又撅着嘴假装用手画口红。罗斯塔都快笑死了。

"因为她的，"罗斯塔又比画了一个铅笔盒并打开它，"装满了化妆品！"

"她是个很有教养的女孩，因为当我要求她去卫生间洗脸时，她什么也没说，也没有摆脸色，转身就去做了。"马尔塔说道。

"但你知道她后来干什么吗？她刚一出学校，就在大门口把化妆品拿出来，然后重新画上妆。我从窗户那里看见她，想着这个女孩究竟为什么要化成这样呢。"罗斯塔笑着说。

"真妖冶啊！"

"太妖冶啦！"

她们目睹了克里斯蒂娜从议员到参议员再到总统的过程，首先想到的是克里斯蒂娜对于化妆的偏爱。但是她们说她们能记得是因为克里斯蒂娜的妖冶是非比寻常的，是那种不会轻易碰到的妖冶，至少她们在拉米瑟高迪亚这么多年没有再见过同样的。

"她是老师们总会对我们提起的一名学生。她很出色，甚至出色得让我们吃惊。"马尔塔说。

"她不知道的事，她就会去编创。好吧，这是我的一种说法。她有能力去思考。她读书很多，也会推理，这是对于一个学生最好的期望，不是吗？老师们对我们说，她总是管他们要更多的书去阅读，把老师都累坏了。老师们教授的课程并不能令她满足。或者说，她就像一名学术研究员一样。"罗斯塔说。

"她很瘦、非常漂亮、画着全套的妆容，但又着实让老师疯狂，因为她知道的事情总超出老师预期。我记得德福尔·穆尼奥斯，经济学的教授，有一天给我打电话为了让我看……"

"她总是深情地回忆她的老师们。"罗斯塔说。

"是的，罗斯塔，但是你等我先讲一些事情。德福尔·穆尼奥斯打电话给我，让我看克里斯蒂娜和同她一起学习的小组做的一个图表。其中展示了所有不同的资本主义制度，每一个制度可以用哪些不同的方式解释以及因此而得到的不同结果。这个是德福尔并没有教过的。"

那时学生们会聚成一帮一帮的，罗斯塔和马尔塔在回忆她们时有时会混淆。克里斯蒂娜从来都没有参加过任何"小团体"，她是游离在外的。拉米瑟高迪亚的学生会去上大学里的哲学课，但这是后来的事了。后来学校里的气氛变得让人窒息，罗斯塔不得不加入那些寻找失踪女孩的父母们当中。她们俩不仅回忆起克里斯蒂娜，也回忆起当时的时局，1973～1976年，她们得躲避很多的危险。

当她们返回到关于克里斯蒂娜的记忆时，指出在那个时候她就吸引了她们的注意：在学校大门口化妆的那种妖冶，并非大家所想的那种卖弄风情。

"她从来不参加聚会，不做青少年做的事情，也没有举办过满15岁的成年礼派对。这群庇隆主义的女孩们不庆祝这些。"罗斯塔说。

"她也不去巴里洛切。❶ 我曾经不得不陪很多团体去巴里洛切……每年都说'这是最后一次'，因为又得累得筋疲力尽。家长们坚持让我去。但是克里斯蒂娜就没去过。"

"她的心思在别的上面。她不是不切实际的人。用我们的话讲，她是

---

❶ Bariloche，滑雪胜地。——译者注

'听老人言'。克里斯蒂娜她们成立了一个团体,一些长辈让她们相信自己将来可以拯救国家。"罗斯塔说,马尔塔笑了。

"当时有一群学生,我跟你说,她们总是与同学们分开,去学习哲学。她们是四年级和五年级的。她们获得了校方的允许,可以在放学之前早走几个小时。教哲学课的人我感觉是弗隆迪西的哥哥,立思耶力。他们在组织一个团体,叫……"

"思考者。"马尔塔补充道。

"非常能思考。"罗斯塔下了结论。

"在这个团体成立之前,克里斯蒂娜就来到了这所学校。那时还没有那么多女学生加入政治组织。但是有些女孩把对国家的责任扛在身上,她们和其他的女孩子不一样——她们自己的同学甚至连这点都没有意识到。大多数女孩一直作为青少年生活着。日复一日,辗转于各色派对和小男友们的身边。但是另外的女孩子们……"

"我们之前在西班牙做过一个个性化教育的课程,正好是在克里斯蒂娜入学之前。"马尔塔说。

"在当时是一件新鲜事。"罗斯塔解释道。

"之前的像百科全书一样,有很多重复的地方。但个性化教育是不同的。"

"应该先是人,而后才是书本。"

"但是那时我们也很重视校服啊。"马尔塔插嘴说道。

"啊,是这样的。所有女孩都一样。她们把裙子提上来,因为那是迷你裙的时代。但是在学校里,她们都是一样的:蓝色的外衣、白衬衫、棕色半长袜和黑色皮鞋。"

"并且不化妆。"马尔塔笑了,"这个女孩可从来不遵守这一条!"

"克里斯蒂娜真是太特别啦。"罗斯塔说,"她和同学们相处得很好,但是在课堂外从来见不到她们。我记得有一天看到她的一帮同学在一起吵吵嚷嚷。我走过去问她们发生了什么事。她们说克里斯蒂娜没有来。

克里斯蒂娜没有来会怎么样呢？我不明白。原来是有数学考试，克里斯蒂娜会在考试之前带给她们答案。这个女孩！"

"后来的一段时间，对我们来说，很难维持学校里的平衡，因为校内有学生党员，也有军人的女儿。尽管她们之前从来没有过什么冲突，然而……学校的门厅里挤满了军人女儿们的保镖。很多人，你想象一下。"马尔塔解释道。

"那些孩子在这里上学的邻居们非常关注保镖们的一举一动。如果哪天军人们的女儿不来上学的话，邻居们也赶快让他们的女儿回家，因为肯定要发生什么不好的事情了。❶ 你还记得咱们对面那个邻居的事吗？"

"是的，她还活着，已经很老了。"马尔塔说。

"她曾经走进学校朝着女儿喊'快走，快走，军人们的女儿都走了！'"

"每天都有麻烦。"马尔塔说。

"示威活动、枪击。"罗斯塔具体说道。

"越来越糟。"

"克里斯蒂娜毕业后，形势变得更糟了。政变后的一天，从一面玻璃墙后面射来很多发子弹。子弹打到了黑板上。那是个下午，教室里没有人。但是我的上帝啊，当我看到这个，太恐怖了。我做了什么？我收集子弹，然后去拜访我的一个朋友里卡尔多·巴尔宾❷。"罗斯塔说。

"她的这些朋友们，你看到没？"马尔塔说。

罗斯塔能与这些人做朋友是因为她的哥哥鲁文·布朗克，他是一个激进分子，曾经是众议员和参议员，1976～1980年任阿根廷驻梵蒂冈大使。洛西塔解释说："魏地拉❸在其执政时期，曾要巴尔班推荐一

---

❶ 军事独裁时期，军人家庭消息更灵通，出于安全考虑，普通人家会以军人女儿是否来上课作为风向标。——译者注
❷ Ricardo Balbín，阿根廷的一名律师和政客，也是激进公民联盟的重要人物。——译者注
❸ 豪尔赫·拉斐尔·魏地拉为军人出身，曾通过发动政变，自任阿根廷总统。——译者注

个激进主义者去教廷,巴尔宾推荐了我的哥哥,他有一个我这样的修女妹妹。"

"我去见巴尔宾然后对他说'我很害怕'。他对我说'不要怕'。他是那个了解失踪女孩下落的人。我想问他关于她们的事,看看他知道什么。他叫我不要担心,她们已经到了另一个世界。当我因为枪击事件去见他的时候,他告诉我不要害怕。'但是博士先生,我怎么可能不害怕呢?'我回答说,并且张开双手给他看射进教室的子弹。'如果我当时有课,这会打中三四个我的女孩们的头。'我说。当时境况艰难,每隔一会儿就有人给我打电话,通知说他们在学校里放了炸弹。我有一个修理工,马尔科夫先生。我抓着他的胳膊对他说:'马尔科夫,你来,什么都不要说,我们去走一圈看看有没有炸弹。'"

"我们见过很可怕的事情,比如发生在卡奴萨女士身上的事。"马尔塔讲到,"一天有人打电话找她,说如果她和她女儿有问题,他们可以帮忙。她说是的,她看到她有政治小册子。于是他们去了她家并杀了她的女儿。"

她们两人直到2009年才再次见到克里斯蒂娜。之前,由以色列阿根廷互助协会(AMIA)在市政府礼堂里举行的一个活动上,她们认识了内斯托尔·基什内尔。

"内斯托尔非常幽默。"罗斯塔说。

"是的。"马尔塔说,"在这场活动上,肖利[1]最先走进来,姐妹们送给他一本书作为礼物。他没有打开,但是说了声谢谢。然后内斯托尔走了进来,她们也给了他。他把礼物打开,把包书的纸扔在了地上,你看,他完全不在乎地把纸扔在地上,他在乎的是看看我们送给了他什么礼物,这样会让送礼物的人感觉很好。因为是关于拉米瑟高迪亚的书,他说:'这本书归我妈妈了,因为她喜欢读宗教的东西。她让我在吃早餐前先

---

[1] Daniel Osvaldo Scioli,阿根廷政坛重要人物,曾任阿根廷副总统兼参议长。——译者注

祷告!'我们都笑了。然后有人告诉他说罗斯塔和我曾经是克里斯蒂娜的老师。"

"随即他就来问我们克里斯蒂娜在学校是什么样的。他很感兴趣,无论我们说什么,他都会笑。当然,我们提到了她的妖冶。"

"我们对他说她超级聪明、好学,而且很漂亮。"

"'我会告诉她别人跟我说她又笨又丑。'他对我们说。"罗斯塔笑了。

"太逗了。"马尔塔也笑了。

"我对他说'马尔塔和罗斯塔向她问好',但并没指望他会转达。随后活动开始了,有很多人,但是在走之前,一片喧哗中,他向我们喊道:'马尔塔和罗斯塔的问候,对不对?'他就是这样。内斯托尔在我生日那天去世了,10月27日"。

"一年前她给你寄过礼物,你记得吗?因为我们在2009年10月26日见过她,然后我对她说第二天就是罗斯塔的生日。她给她寄了一些很好吃的巧克力和花。她就是这样。会记得几个修女……"

"当我们在玫瑰宫见到她的时候还拥抱着合了影。"马尔塔讲到。

"她还是一贯的妖冶。"罗斯塔说。

"她一直都是这样。在15岁的时候就这样。那时就画着浓妆,知道如何说话、如何捍卫自己的立场。"

"当我看到她在街上重新化上妆,我想到了很多事情。比如说,她总是服从我们,去卫生间洗脸的时候从来不吭声,这是尊重学校,是不是?但是同时我又觉得这个女孩想做什么就做什么,当我看到她离开学校之前重新化好妆对着小镜子看的时候,给我一种感觉,她像是在对自己说:'现在在街上我是自由的。'对我来说就是这种感觉。"

第四章　风韵与魅力

2007年大选落幕的时候,《第12版》日报请我在其周日版写一篇对开页的克里斯蒂娜人物传,但那时我还不了解她,也没怎么关注过她。于是我沉浸在文案资料中,以图复原她的经历。但是,我在做这项工作时,不仅是阅读文字,同时也关注人物照片。我认为这对于获取一个人——无论是否为公众人物——的信息所必不可少的。视觉信息往往以某种方式与文字信息对应,我的工作就是找到这些对应点。

我把这个对开页文章命名为《画了睫毛膏再读的故事》——并且是我亲自写的编者按,名字借鉴了20世纪70年代的一本书《不画睫毛膏读的故事》,这本书的作者是宝迪·博德,我与她在亚特兰迪达出版社的一些杂志中有过合作。我们表达的是不同的含义:宝迪·博德使用这个书名是因为书中的故事会让人哭泣,所以最好别画睫毛膏,省得洇开来;而在我的标题中,睫毛膏是一个视觉标志,它传达了一个时代的信息,也是克里斯蒂娜妆容的特点——明显的70年代风格。

涂黑的下眼线和眼影,以棕色调为主的眼妆给人以深邃感。让我感觉这对她有很深的不为人知的个人意义。她既存在于2007年,又通过化妆继续做那个70年代的人,甚至能从中读到基什内尔一家人身上的时代烙印和他们对志同道合之人的召唤。

现在,在埃尔卡拉法特,我吃惊地听着她讲述她那妖艳风韵的来源,虽然她把它归因于那个时代,但是更直接来自陪伴她成长过程中的女人

第四章 风韵与魅力

——她的妈妈和诺艾米姨妈。我慢慢明白了她的经历，诺艾米姨妈是风韵女人中的翘楚。"在我成长过程中，我身边的女人们从不会嫌弃她们的女性身份，相反，还非常肯定自己身为女人。"她如是说。在与克里斯蒂娜谈话前，我原想她的女人味是为了与身为工会委员和足球运动员的母亲以示区别的一种方式，但是这次访谈推翻了我原本的臆断。她的母亲尽管并不化妆，却很注意个人形象。除了各种社会角色，她还是克里斯蒂娜的"裁缝"，她会精工细作缝制漂亮的衣物打扮女儿，并由此影响了克里斯蒂娜的整体的女性风格。母亲也是她政治上的同伴，1973年曾陪她去埃塞萨机场等待庇隆。

我们说话的时候，克里斯蒂娜没有化妆，她刚刚洗过脸，还湿润着。不化妆的克里斯蒂娜更像她自己——那个公众人物克里斯蒂娜·费尔南德斯·德·基什内尔。我们女人都知道，当我们不化妆的时候才是以真面目示人。

最先引发我关注她的公众形象的众多方面之一就是她的化妆风格，尤其是在2008年更成为众矢之的：当主要媒体的反对浪潮汹涌来袭的时候，她的过分妆容是最早被抨击的对象。这类抨击多来自女人，毕竟这是个女人可以评头论足的领域——妆画得太重了，有很多手袋，品位差，庇隆主义的跟屁虫，等等。

回顾克里斯蒂娜的经历，她的人生与她丈夫的人生交织在一起，他们共同组建了一个可以让她展开其政治生涯且毋需抛弃女性身份的家庭，并且也保有了永恒的女性主题：母性、妖艳的风韵与魅力。有一种很罕见的女人，克里斯蒂娜就是其中一员，是我们女人都想成为的那种。因为在内心深处我们什么都想要，我们向往美貌、智慧与成功，但是不能囊括所有。这也是为什么克里斯蒂娜会激发那些有着原始臆想的人对她泼脏水。2008年时，那些支持农业阵营的女人把来自艾娃时期的恨意延续到克里斯蒂娜身上。我认为她遭受到的批评可以分成两类：一类来自男性，他们因被女性轻视而受到刺激；另外一类来自女性，源于她们的嫉妒。

女人非常嫉妒那些让她们觉得比自己好的女人。这是丑陋的事实。在我们身上的某些地方，我们仍如同远古时的大猩猩，正处在发情期，渴望着留住霸道的雄性大猩猩。当另外的女人就在我们的旁边灿若烟火，而我们只是小小的火苗时，嫉妒就产生了：那种感觉就是有些女人可以为别人所不能，而另外一些只是擎着自己的小火苗自怨自艾。当然，我说的"霸道的雄性"只是一个比喻，也可以是其他的很多种可能，比如说权力。

我们还不懂得拿这些感觉怎么办，也不知道如何在内心处置它们。它们从我们的不安全感中滋生出来，然后隐秘地成长着。我们却不称它们为嫉妒。尽管这样很傻，我们还是和女伴们坐在桌边聊着天，用各种各样的解释来掩盖我们的嫉妒之心。

克里斯蒂娜身上有太多东西会让其他女性感到威胁。看待一个政治领导者，可以喜欢也可以不喜欢，而当不喜欢被女人们表达的时候，却常常过于夸大其词了。2008年流传了一封邮件："让我们告诉这个女人，她太自鸣得意了，她只是个普普通通的女人。"而这就是一封女人写的邮件。

我们想当然地认为她的成就就应该是不温不火的，也被教导要在她的社会成就和个人成就中作出选择。一个有社会成就的女人，仿佛就应该个人生活混乱或麻烦百出，要么就应该子女或者爱情出问题。

另外，家庭是极为宝贵也是极为脆弱的，成千上万的女人为自己辩护，出于关心和照顾家庭的原因，不能像她们的丈夫一样，在工作时享有同等的自由度和投入度。取得事业上的成就，同时做一个令人满意的妻子、性感的女人和慈爱的母亲，其实这并不过分。这是真的。

如果我们走近克里斯蒂娜内心世界中最为平凡的那处，或者走近任何一个心事满满的人，一定会看到他们的痛楚、伤痕和死寂。因为这才是一个人。但可以肯定的是，克里斯蒂娜可以把这些全部装下，并且振作起来继续发挥自己的才能。她知道如何处理身边的所有事务，也知道选一个和自己有相同处世态度的男人为伴。

她与内斯托尔的结合远远大于一桩婚姻的意义，还意味着建立了一个历经三十多年忠心未变的政治社会。尽管她的夫姓表示了从属关系，克里斯蒂娜却从来没有觉得这是一个屈从的标志。随夫姓不是顺从于一个男人，而是顺从她自己和这个男人一起建设的政治社会。这么多年以来，克里斯蒂娜毫无差别地就是克里斯蒂娜·费尔南德斯·德·基什内尔，或者是克里斯蒂娜·基什内尔，而不仅仅是克里斯蒂娜·费尔南德斯。她从未要求恢复单身时的名字，仿佛因为婚姻从而完成了她政治身份的锻造。

关于性感女人和为人之母，这永远是女性要面临的一个重大的两难窘境。这是每个女人都要从内心最深处爆发的一场斗争。虽然每天都有更多女性和自己的多种角色共处，但是这不是一件轻而易举的事。从来没有不劳而获的道理。近五十年来，我们已经进步了很多，但是仍然鲜有听说男人们因为孩子发高烧而不上班，那些请假的绝大多数仍然是母亲。这不仅是哺乳动物的亲密母子关系造成的，也和文化的影响有关。

如果我们回顾世界舞台上的政界女性，我们总会看到或左派或右派的母性面孔和孔武有力的妇女形象——如迪尔玛·罗塞夫或者安吉拉·默克尔——却都缺乏富有韵味的女人。克里斯蒂娜却极尽魅力。她成功了，代价却是换来了疑虑。好在寡居缓和了那些情绪，因为从此她开始穿起了未亡人颜色的衣服。

2010年9月，克里斯蒂娜在柏林与德国外交部长安吉拉·默克尔会晤。在此之前的几个月，另一个高级别的女政治家希拉里·克林顿外长在布宜诺斯艾利斯表达了她的"赞美"，因为费尔南德斯主持的政府取得了经济的成效。"我们不知道她是如何做的，但是确实起作用了。"这位前美国第一夫人在一次几乎秘而不宣的没有主要媒体参加的新闻发布会上如是说。在柏林，默克尔严肃地表达了对费尔南德斯的认可："我们知道她的政府兑现承诺"，尽管没有掩饰她厌倦于不得不听克里斯蒂娜·费尔南德斯在简短的新闻发布会上大张旗鼓地争辩不再增加同货币基金组织的债务。

她们两人在德国外交部一起享用了阿根廷牛肉和土豆泥的午餐。午餐过程大门紧闭。阿根廷《民族日报》在封面上刊登了一张两人鞋子的照片。默克尔的是一双矮跟旧鞋，而克里斯蒂娜的是一双高跟漆皮鞋。当我看到这张照片时，我问自己，他们想要用这张照片表达什么呢。我猜他们又想说常说的那些，也就是：总统过于关注鞋子、手袋，以此引发对总统没有在国家事务上足够努力的猜测。这纯属性别主义者的影射。

不管怎样，他们通过两双鞋展示了两种不同的女人打扮自己的方式。我们知道有的女人穿矮跟鞋，有的女人穿高跟鞋，而且由于不同的场合和环境会有不同的着装可能。

默克尔是个非常强势的女政治家，被看做世界上最有权势的女人。从那些国际会晤的照片看来，执政时她身上混合了母性以及中性的气质。大权在握，如果你不是男性，就是女汉子。那双无跟羊皮鞋也可以是男人穿的。默克尔的服装也会让人联想起智利的米切尔·巴切莱特的装扮。她们不穿着有腰身的服装，就好像用块布把身材曲线都裹起来了。这是处理自身与权力关系时的一种策略，是向她们所代表的人民给予关怀和安全的一种承诺。

当今世界里，我们女人已经可以接近执政权了，但是也有成千上万的女人们忍饥挨饿地去瘦身。这会让我们在女性身体与权力的行使之间思索很多。在克里斯蒂娜的公众形象中，她的女性气息注定要与位高权重的政治身份之间横生纠葛。我觉得在她坚定的眼线下，还画着她想要突出的东西。

关于她的公众形象，有些本应消除的东西却被她突出了。虽然她不穿低胸服装，也从不露出胳膊，但是她的衣服总是剪裁得玲珑毕现。她曲线婀娜，飘飘的长发也为上层社会所诟病。她是少见的从中产阶层脱颖而出的一名身材玲珑的公众人物。希拉里·克林顿身上的出众优雅与波士顿风格绝不会允许她自己披散着头发。果敢力量的女汉子代表安吉拉·默克尔也叫喊着得留短发。

然而，默克尔的一张低胸照片也曾经令我惊讶。那是在一场考究的晚宴，她身着黑衣，露出丰腴得近乎色情的双乳。德国媒体却没有为此进行攻击。最好别去想，如果有一天费尔南德斯穿这样的低胸服装，在阿根廷会发生什么。但是这样的形象说明了另外一件事：可以看出在政治和社会场合，默克尔绝不是一个中性的人。只是她在工作的时候穿工作装，也能看出默克尔没把自己当成一个"党员"一般地活着，也有一些时刻她不是严苛的政府官员，她展示出了另外的一面。

克里斯蒂娜·费尔南德斯的工作装是另外一种风格。尽管自她执政以来，她的鞋跟就已经矮下来了，然而高跟已经成为她在公众面前出现时的一部分。我不知道她是如何忍受高跟鞋的，但她就是那样穿着。她的强势女人的公众形象浸透着另外一种女性气质，既表现出个人的喜好，同时她也从中得到安全感。此外，高跟鞋看起来一点都没有影响她的思维能力，尽管那张她和默克尔的鞋的照片传递给人一种感觉：浮夸。可是如果这张照片上那双低跟旧鞋的主人换做是她的话，可能又会有人说她懒散和不事妆扮。

除了鞋跟高矮的不同，默克尔和费尔南德斯还代表了两种不同的权势女人。当我们女人前所未有地大权在握的时候，这也让人思考女性与权力之间的冲突。就其本身而言，公共权力在一个女人手中还是太重了。

普通意义上的女权主义与克里斯蒂娜成长、学习、党内和现在正在经历的女权主义是不同的。她主要的政府活动都是在女性独立二百周年纪念大厅内进行的，事实上，在这里那些强大的妇女们——如艾娃和维克多利亚·奥坎波，蒂塔·梅勒约和胡安娜·阿苏尔杜伊——的画像都挂在墙上，看着我们。通过表述时加入女性的称呼，比如"所有的男人和女人""阿根廷的男人们和阿根廷的女人们"或者"男性朋友们和女性朋友们"，提升了女性的话语权和女性的地位。她坚持称自己为"女总统"，从而在西班牙文中引发了含义深远的斗争。但是，克里斯蒂娜·费尔南德斯从来没有承认自己是位女权主义者。这也再次体现了她那代人的热点。

她旧时的党内同志在讲述个人经历时确认了这一点。皮帕·塞多拉，与1973年在拉普拉塔的克里斯蒂娜一样，在被问到女权主义的时候，也摇着头否认了：

"那就不是个事儿。女人和男人是一样的。在斗争层面上也确实是平等的。我们把彼此理解为伙伴而非对手。这才是那时的观点。也不是说就不存在大男子主义。但是，这是我多年以后才看明白的。如果我往回看，当然了，我甚至觉得庇隆主义的组织倒台就是因为他们比左翼还大男子主义。但是，当时我们没有觉察到。"

皮帕说，她们那群70年代女党员曾经好久没有见过面。但是，到了内斯托尔·基什内尔当了总统后大家聚了一次。她们在最初的交谈中就不可避免地聊到了性别这个话题。争论的焦点以前是"女权主义"而现在则更为宽泛。从政治角度上说，这对于所有的女性党员而言都是一个新鲜事物。但实际上，她们没有意识到她们一直以来的思想其实就是"女权主义"，因为她们是这么想的：女人和男人是一样的。

"一石激起千层浪……很多女人的反应像在1973年。几乎是被吓着了，女权主义就如同禁忌或者什么蠢事一般。不是啦，我们是平等的，是同志啦……还有一些女人，她们把那些年我们学来的东西自然而然地全盘接受了。我想：她们不能从过去走出来。这是另外一种想法。你向谁去说在一个像我们这样的社会里所有人都是同志？在任何情况下，这

第四章 风韵与魅力

都是一场斗争。许多人如她们这样反应，很快参与了性别斗争，比如反对向妇女施加暴力的法律。我觉得克里斯蒂娜一直认为女性是享有两性平等的，而且在她的生活中也确实如此。自从她与内斯托尔相识，她就没有进入一个传统女性的角色中去。而且她与很多获得公共成就的女人相反，并没有变得男性化。"

所以，克里斯蒂娜的思维从来不会和衣着打扮发生冲突。还有一些不为人知的事情。除了前面章节写过的克里斯蒂娜早期的妖冶风韵，拉米瑟高迪亚修道院学校的罗斯塔·布朗克修女又说了一些克里斯蒂娜还是个小姑娘时的这方面的个性：

"她对于她个人的事情守口如瓶。在学生时代她唯一显露出来的就是她是一个十足的球迷。"

"球迷？"

"和她母亲一样，她是拉普拉塔体操和击剑俱乐部[1]的粉丝。有时候她会生气，因为学生里面大都是拉普拉塔学生俱乐部的球迷。那时候是拉普拉塔学生俱乐部的足球队年年获得美洲冠军杯的辉煌年代。学校对这件事也非常上心。每年这个俱乐部夺冠之后，姑娘们都给我们施加压力去7号大街游行狂欢。我们的很多老同学都嫁给了那个俱乐部的足球运动员。这在当时很流行。然而小姑娘时候的克里斯蒂娜，和她的妈妈却是另外一个俱乐部的拥趸。她们两个人都是拉普拉塔体操和击剑俱乐部球迷，而她是迷人的球迷。"

在这个动荡不安的城市中，我看到15岁的克里斯蒂娜在拉米瑟高迪亚修道院的盥洗室中把脸抬起来，然后我看到浓妆她走在法律系的走廊中。我知道她在经历害怕、彷徨和离别的时候也没有忘记化妆。一次，她撞车了——那时她已经是里奥加耶戈斯的法律技术秘书处秘书长——

---

[1] 该俱乐部成立于1887年，尽管名字里有体操和击剑，开展的主要体育活动却是足球。——译者注

在人们把她送往医院的途中,她在担架上还叫喊着要一面镜子。当她生完女儿弗洛伦西亚,她接待朋友时也是妆容完美,头上还戴了一个白色的头饰。她和她的大姑姐艾丽西亚是好姐妹。阿丽西亚不爱化妆,她形容克里斯蒂娜化妆如同一项个人"纪律"。

陪伴她的除了妆容,还有永远梳理整齐的长发、熨帖整洁的服装、提包、高跟鞋、耳环、手链、粉底以及护肤霜。就像皮帕指出的那样,她的女性气质未曾受到女权主义的影响,因为她所属的那代人男女本就是平等的。她也不是那种后来出现的"布尔什维克"式的寡淡无味的女人。

克里斯蒂娜没有因为这样而感到愧疚。她是自己的主人,也可能因为她对自己的所有特性都很自信。她自己说过,自我接受、自我夸大、自我展示:"我总是喜欢把自己打扮得像一扇门一样。"❶ 这不仅说的是女性气质,也是为中产阶层代言。更为确切地说,是为中产阶级的审美观代言。

律师瓦雷利亚·洛伊拉,在十年中都是克里斯蒂娜在议院里的左膀右臂,在克里斯蒂娜执掌宪法事务委员会时负责协调她的工作小组。她也指出克里斯蒂娜的风韵,是那种身为领导的风采。非常有意思的是,克里斯蒂娜不仅愿意让人喜欢她,她还把这提升到另一高度——愿意让人信服她。

除了克里斯蒂娜在办公室的卫生间内留下的香水残香,在下到议会之前梳一梳头发,瓦雷利亚又讲了更多的细节。在那个时期,自执行配额法❷以来,很多女人都成了议员,而克里斯蒂娜在那项法律颁布之前的很多年就已经是议员了。克里斯蒂娜并不需要那项对女性有正面意义的歧视性法律的支持。因为该法律在最初贯彻之际,实际上也引发了很

---

❶ 在拉美,人们会给大门刷漆或者装点饰物。——译者注
❷ 该法规定议会中的席位应有一定比例的女性。——译者注

多尴尬的情形。拉一些女人来当选议员只是为了满足法律的规定，但是她们常常甫一当选就辞职让位于同一阵营的男性。克里斯蒂娜把她们称做"草包女议员"。宪法事务委员会最初会商的情况中有一个是有关科连德斯省的议员伊莎贝尔·维欧德斯，她就是很快便辞职并让位于劳尔·罗梅罗·菲利斯了。

无论如何，瓦雷利亚记得克里斯蒂娜老是重复一句"对女人而言，更为艰难"。当她的女同事遇到一些典型的女人会遇到的问题而不能全力工作时，她总会这么说。

"所以，我喜欢她在意自己的形象，"瓦雷利亚说，"因为我知道保持完美很难。我就不行。完美不完美可以是无所谓的事情，但是谁不喜欢完美？我看着她还有她位于乌拉圭大街和洪加尔大街交汇处的办公室，我就了然了。她是细节主义者。什么都逃不过她的眼睛。当她到达奥利沃斯官邸的时候，伊内斯·佩尔迪内已经下令扔掉一块精致的地毯，但是克里斯蒂娜还是坚持反对直到同意她修复这块地毯。当然，她既不会亲自去洗也不会去熨——这是她唯一不会去做的事——但无论是在办公室还是在奥利沃斯，她总是一切尽在掌控中，这也表明她是用心的。这一点我们都知道。你不用心，就没有成效。在一个极为繁忙的工作日当中，有压力，有窘况，我们听到她还可以给她在布宜诺斯艾利斯的和在南方的家打电话，安排用餐、询问考试、与孩子们欢笑。她不会因为身处布宜诺斯艾利斯而不过问南方的事，或者因为外貌已经很完美了就不用努力工作。她，就是自然而然地，什么都可以做到。"

有件轶事瓦雷利亚记忆犹新，这件事显示了克里斯蒂娜向她的密切合作者展示出的魅力。这几个月我已经和一些克里斯蒂娜的合作者聊过了，现在又同那些工作在政府第一线的官员们聊了，他们有着和瓦雷利亚一样的想法：克里斯蒂娜是个严厉的领导，她对人对己都是一致的严格。但是她并不是通过骂人来要求别人——不像很多人回忆内斯托尔的所作所为那样——她是通过魅力来约束别人的。当然不是那种低俗的两性魅力，克里斯蒂娜使人信服是因为她本身的强大信念。

"如果你没有一个能激发你工作热情的领导，你不会上紧发条地工作18个小时。"瓦雷利亚继续说道，"那是她自身的魅力，一种智慧和政治的魅力。她会勾住你，轻而易举地就让你留住，不想吃饭也不怕晚回家，只想把工作做好。没有魔力的话，是办不到的。"

瓦雷利亚提到的那段轶事要追溯到议院处理梅内姆法庭的一宗法官案件。那是非常艰难的工作，因为那些法官不仅在司法部有保护伞，在议会里也有。有一次，在波西亚诺辞职之后，克里斯蒂娜把她团队的成员全都叫到了办公室，并说道："伙计们，你们让我一个人来吧。"他们听后互相看着，摸不着头脑，瓦雷利亚替大家开了口："不，克里斯蒂娜，我们一直和你在一起，直到结案。我们来速记、让证人签字……"克里斯蒂娜说道："是，是，就行政和技术方面我没有任何要说的，但是我觉得我们还是有分歧。"这是事实，因为团队内对于程序方面是存有疑问的，而且几天前也与她讨论过。

"尽管那次讨论事实上也没有多重要，可是克里斯蒂娜觉得那次讨论没有结果不行，所以随后讨论结束时我们给出了原因。但是，那次她说了一些让我觉得回味的话。"瓦雷利亚讲述到，"'我喜欢恭维。但是我不愿意他们因为顺从而顺从我，我希望是我说服他们。'这使我们明白，当她展开一次讨论时是为了深入的思考和诚实的作答，因为一个有深度的反对意见要强于一句顺从的'是的，克里斯蒂娜'。这是我觉得她非常女性的一面。她的风采远远超出人们能看到的，而且是非常强烈的。"

瓦雷利亚回忆在乌拉圭大街和洪加尔大街交汇处的办公室，时值内斯托尔刚刚当选总统，而克里斯蒂娜也刚刚荣升第一夫人。她邀请她的团队来家里做客，有夹心糖和咖啡。那天下午，克里斯蒂娜向瓦雷利亚展示了一支好笔，昂贵的品牌货，这是她送给内斯托尔的礼物，作为总统用笔。那支笔，光彩夺目地躺在盒子里。

"你们能相信吗？我送他这支漂亮的笔，而这家伙还四处带着他的 Bic 笔[1]签字。"克里斯蒂娜笑着说。内斯托尔在他的整个任期内一直使用一支 Bic 笔。

克里斯蒂娜的注重形象和内斯托尔的邋里邋遢总是奇怪地互补着。艾斯塔拉·德·卡洛特说，在同时期她也受邀带着儿孙去过那间办公室。那时她还不认识内斯托尔，他很快来到起居室打招呼并告别。

"我去买鞋。"艾斯塔拉说他告诉克里斯蒂娜。他们双方知道是要买就职那天穿的鞋。

"内斯托尔，别买便鞋。"克里斯蒂娜要求道。

"克里斯蒂娜。"他把她的嘴堵上，然后走开了。

"至少别买带装饰物的！"在他关上门之前，她赶上喊了一句。

---

[1] 一种较为廉价的笔的品牌。——译者注

第五章 拉普拉塔，1973

拉米瑟高迪亚修道院的那个女孩已经太厌倦心理学了，最终她在1973年转读了法律系。她和其他学生一样，在他们的第一学年里过着愉快的日子，正像他们形容的那样是"人生中最美好的时光"。

这段美好时光，当然并不包括随后很快就显山露水的暴力事件。那些讲述者都是幸存下来的人，现在他们仍然会起鸡皮疙瘩，那是恐惧和伤亡造成的精神伤害。提到那年，他们如梦方醒。代际关系使得当今出现了坎波拉❶这一青年政治组织。该组织的成立者之一就是马克西莫·基什内尔，他是明显的代际传承者。内斯托尔当年也参加了大学生民族革命联盟（FURN）❷，该组织的成员中也有克里斯蒂娜生活和学习上的同伴。这个联盟也是代际传承的一个纽带：团结和连接了庇隆主义者抵抗运动❸的青年和1973年时20多岁的年轻人❹，他们实际上是父子辈分的两代人。

克里斯蒂娜解释说她以前商务学习的经历给她进入法律系造成了一些困难，之后当她说到最终得以进入"年少，非常年少"时就钟情的法律系时，她提到了1973年，这一年庇隆回国了，她的回忆也落到了内斯

---

❶ Cámpora，阿根廷青年政治组织，以前庇隆主义总统埃克托尔·何塞·坎波拉（Héctor José Cámpora）命名。——译者注

❷ Federación Universitaria Por La Revolución Nacional，拉普拉塔大学出现的第一个庇隆主义组织。——译者注

❸ Resistencia Peronista，始于1955年9月的反阿根廷独裁政府的庇隆主义者的运动。——译者注

❹ 即内斯托尔与克里斯蒂娜一代人。——译者注

托尔身上。在埃尔卡拉法特的家中，也是内斯托尔去世的地方，仿佛突然间就少了些什么。

当他们第一次相遇时，她20岁而他23岁。六个月之后他们就结婚了，这点她没有和我说。她喝了一口别人端来的拉格利玛，❶ 聊到他的时候声音没有一丝颤抖。她先谈起了他们之间的争吵。"我们有值得纪念的争吵"，她边说边笑，如同被回忆宽慰了一般，"我们刚一认识就开始吵架了。我们争论所有的事，有那些我们觉得非常重要的事，也有那些愚蠢的事。我们一直在争吵，从第一天一直到最后一天。"那些争论可以止于两人中的任何一人，止于"那个觉得自己吵赢了的人"，她说明到。

克里斯蒂娜展开了有关争吵的这个话题。一开始我以为她只是单纯的评论，但是聊着聊着，很明显地可以看出她最为怀念的就是同内斯托尔的争吵。这是他们相互为伴的方式，也发展了争吵的艺术。

"当我生气的时候就不跟他说话，"她用一种新的语调讲话，一种尖刻的、游戏者的语调，"那是我能对他做的最坏的事。不跟他说话。我只知道，如果我坚持这样，就能赢，但是很难做到。有一次我坚持了一整天没和他说话。"她点着头肯定到，如同那是一件丰功伟绩。

"一整天？也不算什么。"我对她说。

"但是对我们来说一天就像永远那么久。不说话我们俩就不能活了。有时候他很自我，你能从他的脸色看出来他生气了。他怎么能给我摆这么一副臭脸，我都不知道发生什么了！'你怎么了'，我问他。他说'没什么'，还用恶劣的语气。可能是因为我或者其他的什么情况惹到他。但是我就是受不了他跟我说'没什么'。"

他们早已习惯任何时候都在一起。当内斯托尔就任里奥加耶戈斯的市长以及执政圣克鲁斯省的12年中，克里斯蒂娜的办公室与他的紧紧相邻。甚至，当克里斯蒂娜任国家议员仅在首都逗留一周时，她的办公室

---

❶ Lágrima，一种牛奶咖啡饮品。——译者注

也是挨着他的。当克里斯蒂娜周一至周四在乌拉圭大街和洪加尔大街交汇处的办公室时，他们就互相通电话。

那些电话是重复、着魔和坚持不断的。认识他俩的那些人，总会提到他们的头衔：他当市长时，她是竞选运动的领袖；他当省长时，她是法律技术秘书处秘书长以及国家议员；他任总统时，她除了是"第一夫人"，还是议员；她任总统时，他是她的第一同志。他们总会提起他们的电话，那是持续的和无时无刻不在的，早晨、下午、晚上、黎明。既因为政治，也因为家庭。

克里斯蒂娜短暂地沉默了一会儿。她在交谈中的停顿，我想，是为了厘清回忆和整饬情绪。现在，她咳嗽了几声，喝完那杯拉格利玛，然后几近仰慕说道：

"令人感动的是，我想到那个家伙的时候他就会打来电话。有些时刻我们会有心灵感应。我们会在想着彼此的时候因为同一件事在相同时间给对方打电话。当我们在一起的时候，有时并不说话，只是看着对方，就彼此明了。这是非常感人的，是的；这种心灵联系是感人的。"

"有这样一个交流的人是……"

"不可取代的。没有其他的词来形容。现在我最贴近的人是我的儿子，可那也是完全不同的，不同的年纪、不同的阅历，我们是母亲与儿子的关系。我与内斯托尔的关系是不可思议的。我从来没有见过相同的，你看，我也认识其他的伴侣。我刚才跟你讲过，我们那时非常年轻但是也有责任感。好吧，有些人要比其他人多一些责任感。我从18岁开始工作。内斯托尔不是，他没有工作，生活一团糟，当我们结婚的时候，我妈妈帮他找了一份工作。他父亲每月总是给他钱，婚后也是，就这样我们把钱存起来了。内斯托尔很省，也有私房钱。他说这样才能独立。"

"你们很年轻就结婚了。"

"很年轻？"她否认，"不，我们是那时唯一还没结婚的。我们所有的已婚的朋友都很年轻。这代人就这样。你看胡安·卡班迪耶的父母：妈妈16岁，爸爸19岁。不，不，以前的人比现在的人成家立业要早很多。皮帕结婚更晚一些，看见了吗？皮帕是我记忆里唯一没结婚的，因为她和奥马尔会吵架。"

克里斯蒂娜说的是皮帕·塞多拉和奥马尔·布斯凯塔。克里斯蒂娜是在奥马尔的家中认识内斯托尔的，而那时，奥马尔还是皮帕的男朋友。多年之后，皮帕见证了克里斯蒂娜说过的那些数不清的她与内斯托尔的电话。皮帕把它们称为"询问机制"，这是那两个人最喜欢的。

"我从来没有见过一对情侣能有这种程度的联系。"皮帕说，"我从来没有见过一个男人和一个女人有这么多话可说。这么多年一路走来，有这么高兴致互相说话。他们不是形式上的问话。他们是煲电话粥，而且优先接听对方的电话，还不能被打断。他们想知道彼此对所有事情的意见。你注意，如果是他给她打电话，她开始就一个主题给出详细的意见，那是因为他之前向她询问了。你听她给他打电话，问他问题，她会把话筒贴在耳朵上好几分钟，非常认真。她会停顿一下然后问：'那么你的意见呢？'然后倾听。有时候记几笔，再问一问。然后第二天，情况可能反过来。但是这也不仅仅发生在他们两个中间。'那么你的意见呢？'是克里斯蒂娜的一个典型问话。不是因为她把你当回事儿，或者她不知道该怎么办，显而易见，她就是问问周围的人然后听一听。我想这与独裁相反。她从年轻的时候就有这种向他人询问意见的态度。"

大学生民族革命联盟的年轻人

当内斯托尔和克里斯蒂娜结合的时候，内斯托尔已经是大学生民族革命联盟的一个积极成员。在费尔南多·阿马托和克里斯蒂安·博亚诺夫斯基·巴散的书《70年代人——从拉普拉塔到玫瑰宫》（*De La Plata ala Casa Rosada*）里面详细地重现了大学生民族革命联盟是如何诞生和萌芽的。这类团体——另外一个几乎平行诞生的是艾娃·庇隆团体阵线

（FAEP）——的历史显示了从庇隆流亡海外到庇隆主义者人数激增的过程，也描绘出拉普拉塔大学生们与国家共命运的画面。

在那时，大学生民族革命联盟表示了一种风格。它的成员不认为自己是坚持庇隆主义的学生，而是正在学习的庇隆主义者。这和文字游戏决然不同。要想搞清楚这个区别有多重要，就得回到始于1955年之后的那些令人吃惊的代际关系。那一年的某天有着克里斯蒂娜最初的回忆：她的妈妈和姨妈在门口等着她在里奥圣地亚哥工作的外祖父回家。

1956年3月9日，《官方公报》发表了4161号政令，禁止"任何人以肯定的态度公开使用或者传播庇隆主义"，也不许"使用庇隆主义官员或亲属的相片、肖像或者雕塑、庇隆主义的徽章、旗帜、废黜总统❶的名字、其亲属的名字、以下表述'庇隆主义''庇隆主义者''正义主义''正义主义者'、第三立场、❷缩写PP、废黜政体的相关日期、音乐作品《庇隆主义青年进行曲》《艾维塔·卡皮塔纳》以及废黜总统及其妻子的演讲或者演讲片段"。

如果不通观从庇隆的秘密流亡到形成不止一代的庇隆主义者和领导人的这段历史，就只能支离破碎地去了解70年代的拉普拉塔。那些从国家的四面八方来到大学学习的青年们实际上是庇隆主义者抵抗运动的子女们。

在这种背景下，可以看到庇隆主义者们早期的姿态：闪电行动。这些行动不追求大规模的集会。60年代中期，拉普拉塔的庇隆主义党员最初出现在公共场合时是突然在某处现身，散发传单高喊"庇隆万岁"。然后跑着离开，以避免被捕。他们聚在一起高喊领袖的名字，以此来表明他们的政治身份。

那些在1970年到达拉普拉塔的十六七岁的男孩和女孩中的一些人已经有不多却重要的政治运动经验了，比如，内斯托尔·基什内尔。佩

---

❶ 即庇隆。——译者注
❷ 庇隆的学说介乎资本主义和共产主义之间，他认为应走第三条道路。——译者注

第五章 拉普拉塔，1973

佩·萨尔维尼是内斯托尔在里奥加耶戈斯的危地马拉共和国学校的同桌。在他们读到第四年的时候，独裁者胡安·卡洛斯·翁加尼亚来到此地给新落成的机场跑道剪彩。他的到来正赶上教育部下发通告强制高中学校的校长要有大学教育学方面的学习经历。这一规定使得国内很多学校的校长被排斥在体制之外，这其中就包括已经领导基什内尔和萨尔维尼所在的学校15年之久的阿妮塔·弗洛雷斯·德·洛佩斯。

这些高中生们召开大会，在会上讨论并断定阿妮塔·弗洛雷斯·德·洛佩斯退休后将会由所在地区优秀政治组织成员的妻子们中的一个来继任——已经有几位符合条件的候选人了——而且还决定成立一个学生中心。内斯托尔获得的人生中的第一个主席位置就是在这个学生中心，那时他16岁。

危地马拉共和国学校的学生中心在1968年导演了一场完全非典型性的运动，是由父母亲支持的一场学生运动。内斯托尔的想法是把学校的矛盾扩大化并在整座城市中发传单。动员活动持续了一周，学校也停课了。有两封由六个同学签名的信，其中一封是给胡安·卡洛斯·翁加尼亚的，而另一封是给他的妻子的，希望通过女性感动女性，从而得到支持。六名学生中的两名就是基什内尔和萨尔维尼。通过散发传单来捍卫大家喜爱的老师，内斯托尔由此唤醒了当地人们的自信以及家园精神，这种精神转化成为他日后从政的爱国之情，也孕育出了他的事业萌芽。

那天，数以百计的人们涌向机场去迎接所谓"阿根廷革命"❶的总统。可以说人们利用了总统的这次到访。去的人太多了，以至于安全人员不想让他们通过。翁加尼亚在任何地方的任何一次访问都从未聚集过这么多人。众人中有去看新落成的机场的，但是更多的是去为阿妮塔·弗洛雷斯·德·洛佩斯的复职请愿。不同的人群交织在一起。所有学生聚在一起排成一大队，以打开一条通向总统的路。基什内尔和萨尔维尼

---

❶ 1966年政变后，胡安·卡洛斯·翁加尼亚实行了军事独裁，宣布"阿根廷革命"。——译者注

走在前面。翁加尼亚神色不友好地看着他,他的一名军人走向他们两个,然后拿走了信。之后他们便走了。没有人高喊,数以百计的人静默着。几天之后传来消息:危地马拉共和国学校的校长留任。

代际关系

书写1956~1976年这20年的历史,可以清楚地看到起初反动派是如何试图把庇隆主义从阿根廷政治版图上消除的;随后在1966年如何发生了势力的重组并大力地推动了新生代的出现,如大学生民族革命联盟的产生以及政治文化关系的重建;在1976年又是如何发生政变再次企图消灭庇隆主义的种种痕迹却付之流水;以及现在,如何又一次地由新一代领导人执掌政权。

老奥拉西奥·查韦斯,一位军队的前士官,参加了反1955年政变的起义,那次起义是胡安·何塞·巴耶领导的,查韦斯是在奥斯卡·洛伦索·科戈尔诺中尉的指挥下作战的。他建议其刚刚20岁的儿子贡萨洛去古巴和约翰·威廉·库克谈一谈。贡萨洛是拉普拉塔庇隆主义青年联盟(JP)的成员,他采纳了父亲的建议并和内斯托尔·冯塞卡一同前往。后者是个小伙子,也是里奥圣地亚哥海军的代表。在古巴,他们遇到了库克及其身边持有不同政见的各党派人士。这次会面引发了大学生斗争战略的重新部署。

奥拉西奥·查韦斯和冯塞卡从古巴回来后,就开始和那些流落到各处的庇隆主义学生接触,这当中有图尔科·阿晨、卡洛斯·米盖尔、乌戈·巴茨、马努埃尔·卡尔沃、阿马里亚·拉美亚、艾克多尔·阿亚拉、卡洛斯·内格里、诺拉·佩拉尔塔。

1965~1966年,大学生民族革命联盟诞生了,该组织不仅在大学内就庇隆主义进行政治斗争,还开展了最早的闪电行动。在这两年,组织成员不超过三四十人,他们在公众活动中放炮仗并高喊"庇隆万岁"。与此同时,克里斯蒂娜·费尔南德斯刚开始在托洛萨读高中,而内斯托尔·基什内尔已经从里奥加耶戈斯高中毕业了。他在1969年夏天来到拉普拉塔，参加进入法律系的预备课程。他住在1-46大街的旅舍里。随他而来的还有他的绰号——卢平，因为他跟这个卡通人物有很多相似之处，他就是这么自我介绍的。

在拉普拉塔，内斯托尔赶上了已经在几年前就已经开始的飞速的政治建设。卢平加入了大学生民族革命联盟成为一名基层党员，他在大学生民族革命联盟里一直就处在基层。没有任何头衔，既没有人给他，他自己也没有要求过。关于他在这个联盟的经历，没有人记得发生过和他有关的大事件。最瞩目的就是他参加了紫营。据其他人描述，紫营的人就是在游行的时候在队伍外围做安全防护或者行进过程中负责推动人群的壮劳力。

卡洛斯·昆克尔——现任国家代表、内斯托尔·基什内尔和派莫·古斯塔维诺——现任恩德雷里奥斯议员，分别曾是紫营的成员。他们各自差5岁，昆克尔比基什内尔大5岁，基什内尔又比古斯塔维诺大5岁。他们三个都是拉普拉塔大学法律系的学生，虽然岁数不同，但有共同的志向。

和大学生民族革命联盟的所有成员一样，内斯托尔起先也对庇隆主义左翼城市游击队的出现抱有同情之心，但是随着该组织的军事化，原本的一致开始出现裂痕直到最后分道扬镳。尽管数以千计的党员并不同意武装斗争，然而他们也从没有脱离传统的政治、历史和经济理念。这种传统理念是源于庇隆和库克的，它深入修正主义中去，并树立了几个形象，如埃尔南德斯·阿雷吉、斯卡拉布利尼·奥尔蒂斯、阿图罗·豪雷切和鲁道夫·普依格罗斯，等等。大学生民族革命联盟的核心就是基于这种传统理念的。虽然基什内尔确实是这个坚韧、荣耀和令人有归属感的大集体中积极的一分子，但是他在这个时期的任何重大历史事件上都还不是主要人物。现任议员马尔塞洛·富恩特斯曾是大学生民族革命联盟的主席，他现在总结到："我们中没有任何一个成员和政治干部是从另外一方来的。"他想表达的是，在大学生民族革命联盟中从来没有出过任何一个右翼领导人。

在这段大学的基层组织历练中，内斯托尔的主要工作是看守大字报。这些大字报是白纸板做成的，上面写满了口号，大学生民族革命联盟把它们贴在食堂的墙上，那里到处都是这样的大字报。被重复最多的口号是1959年大罢工时由利桑德罗德拉托雷的冷库工人们选出来的，来自艾娃·庇隆的一句话："祖国将不再是殖民地或者国旗将飘扬在废墟之上"。十年之后，新的历史时机下应运而生的大学生团体把这句话变成了自己一句："是祖国，而非殖民地"。

学习中的庇隆主义者

那个大学生食堂位于1号大街与51号大街的交汇处，现在牙科系坐落于此。入口处是个有花坛的大广场。每天中午，学生们就排成两个长长的队伍，有时候甚至要折到拐角处。1973年从这里陆续经过的学生有12 000名。

食堂共三层，有三个大厅。最大的厅在115号大街上，坐落在树林中，有巨大的玻璃墙。里面的桌子是十人桌：两个长边各坐四人，两头各坐一人。椅子是木头的，很坚硬，有时候在空中飞来飞去。这里时常打得拳拳到肉，有时也用链子锁互殴。在几千人的鼎沸声中穿插着打架的叫喊声。

餐桌上有水罐。学生们端着钢制的托盘从餐台走过，食堂的工作员给他们盛菜。这些工作人员是拉普拉塔国家大学工人协会（ATULP）的工会成员。食堂是展开政治讨论的战略据点，而汇集了全国各地学生的拉普拉塔大学则是一个战略要地。

他们高中刚刚毕业就背井离乡齐聚于此。这些年轻人操着不同的口音，来自不同的地方，也有着不同的习惯。拉普拉塔大学不仅是一所学院，它的影响力甚至辐射到整座城市。

很少有学生能租一处可以住两三个人的住所。大部分人都住在旅舍。旅舍是轮换居住的,所以进进出出地就形成了很多小气候。在这里,那些圣胡安城的人认识了内乌肯人,而科连特斯人又认识了拉潘帕人。

超越彼此间的不同,时代把他们变成一个模样。他们中男孩身着牛津裤、留着长发,女孩穿着超短裙或者热裤。这些女孩在美术系和人文系最为常见,她们和法律系的男孩在一起,那群男孩都爱穿深色衣服,用发胶梳头,看起来像"小大人"一般。学生们在系内、课堂相识,最后都会聚集到食堂里。

当他们把托盘从餐台上端出来的时候,就会在随便一张桌子上找个空位。这样就很方便来自不同老家和不同系的学生们相互接触。大学生民族革命联盟利用了这一点。1970年,卡洛斯·昆克尔即将从法律系毕业并且要就任拉普拉塔庇隆主义青年联盟的总书记,但是仍然掌管法律系的大学生民族革命联盟和学校的食堂。"那完全是大学生生活,"他微笑着回忆道,"我们在79号和53号斜街之间的6号大街租了一间公寓,钥匙放在煤气棚里。从来不缺少火腿和硬面包。当食堂关门的时候,就吃炖菜。我们总是8~10人聚成一伙。"

他们每天从广场上排队去食堂的路上发传单并搞一些地下活动。有些就是偶像人物阿图罗·豪雷切通过聊天开展的。他是大学生民族革命联盟的思想家。还有几次,他们邀请大家看电影《熔炉时刻》。

"我们计划的是斗争的进程和反独裁所需的配合工作,不仅限于那些特定的、回归庇隆主义的、工会的或者学生的问题。"内斯托尔在大学的政治领导昆克尔说到,"这点不仅学生应该清楚,工人也应该清楚。这才是基础,也是大学生民族革命联盟的工作内容。1969年开展了更多运动,比如在罗萨里亚索和科尔多巴索。相比一个只知道考试作弊取得好成绩的学生而言,如果你的重心在政治这件事上,你会得到更多东西。当然取得好成绩没什么不好的,却是另外一回事。"

内斯托尔·基什内尔和佩佩·萨尔维尼，以前曾是里奥加耶戈斯的热血青年，创建了拉普拉塔大学圣克鲁斯学生中心。他们意识到一些奇怪的事情：他们是有史以来从老家圣克鲁斯出来的人数最多的一伙人。以前从圣克鲁斯来到拉普拉塔上大学的从来没有超过 50 人。他们知道这些是因为他们的父亲。内斯托尔的父亲是邮局的出纳以及菲尔佛特和特拉布斯两家公司的经纪人，而萨尔维尼的父亲是边境警察。

他们觉察到这点最初是因为在宿舍里组织晚间聚会，在一起弹吉他吃馅饼。来了很多人，随后内斯托尔在森林里建了一个运动区，他们在这里一起踢足球。每次人来得越来越多，这样内斯托尔和萨尔维尼就决定成立一个圣克鲁斯学生中心。萨尔维尼任主席，内斯托尔任副主席。当内斯托尔遇到克里斯蒂娜的时候，他就是在忙这些事。

"他们真幼稚……"回忆到内斯托尔，她立刻笑着说，并用这句话打断了关于大学生民族革命联盟的回忆。说他们"幼稚"是因为好几件事中的刻板，尤其是和个人生活有关的。她刚刚想起来的一件事是内斯托尔告诉高多·埃斯特班有人批评他的"资产阶级"婚礼。

克里斯蒂娜和内斯托尔与埃斯特班有着很亲密的友情。后者是新闻系学生中心的主席，妻子是曾和皮帕·塞多拉住在一起的内乌肯人马伊特·奥利瓦。皮帕是克里斯蒂娜的朋友，也是奥马尔·布斯凯塔的女朋友。而奥马尔是内斯托尔的同屋。这么算起来有点像美剧《六人行》，有相似之处，但不尽相同。

这些年轻的大学生民族革命联盟成员的聚会很热闹，有香肠、面包和红酒。马伊特和高多是回到内乌肯结的婚，马伊特的妈妈说服他们在一个乡村别墅举办婚礼。但是也没有什么不同，用海鲜饭招待朋友和父母双方的亲戚。当他们回到拉普拉塔，内斯托尔干了不好的事——他被委派去当面指责高多。

克里斯蒂娜边回忆边笑：

"我想关于那场婚礼是有一些谣言传了回来，他们说婚礼上有马车，类似宫廷的风格，听起来……豪华的那种。真是幼稚啊。"她又重复了一遍，带着几许温柔。

内斯托尔这一时期的联盟同志回忆起来，说他"模仿庇隆"，他挥动着手臂并且装腔作势地讲笑话。那时的他又瘦又高，还戴着一副很厚的眼镜。像许多法律系的学生一样，他不穿西装：总穿一件深绿的外衣，胳膊底下永远夹着两本读了又读的书：一本是安东尼奥·卡费埃罗写的《五年之后》，这是一本捍卫庇隆主义经济方案的书；另一本是约翰·肯尼斯写的，他是福利国家理论的思想家。

这边，克里斯蒂娜已经在心理学系开始了她的大学生活。她很快就察觉到庇隆主义和左派之间错综复杂的关系。她没有参加庇隆主义青年大学生联盟，而是加入心理学系成立的国家建设群众组织，并和在她所住的社区和庇隆主义青年联盟一起工作。

"心理学系没有庇隆主义社团，只有 FAUDI、TAR、TERS、TUPAC。❶ 庇隆主义者得挨好几拳才能贴上一张海报。我永远也忘不了那个女孩，她是左翼大学生团体阵线（FAUDI）的领导。当我转到法律系后，我们就失去了联系。一天，我从经济部出来，那时我在那里工作，在帕索广场碰上了部里的青年庇隆主义者工人联盟的人。我们一起游行来支持执政者毕德盖。我停下脚步，手里举着一面旗子，他们叫我'同志'，然后递给我一张传单。我抬起头，看到那个女孩。她系着庇隆主义青年联盟的发带。我简直不能相信。1973 年，左翼大学生团体阵线亮出一句标语'斗争到底投票弃权'。❷ 现在她却戴着庇隆主义青年联盟的发带。我当场就对她说'去你的吧'。现在你们才发现庇隆主义，还想教我们这些庇隆主义者们什么是庇隆主义。但是，姐妹，三个月前你还在号召投弃权票，现在却来谈论政治，多少还是谦虚点吧。左翼大学生团体阵线属于阿根廷革命共产党（PCR），所以这个女孩可能不

---

❶ 均为非庇隆主义政治组织。——译者注
❷ 不给庇隆主义者投票。——译者注

仅知道谁是庇隆，也知道谁是伊莎贝尔和洛佩斯·雷加❶。不能这样。作为庇隆主义者，你可以接近伊莎贝尔、庇隆、庇隆夫人、民主政府……但是洛佩斯·雷加？他是从来不会犯错的。"

1972 年 11 月 17 日

这一天，庇隆回国了。那是疯狂的一天。拉普拉塔的大学生们已经为此准备了好几个月。

显而易见，庇隆发布指令的时候是双重标准的，暴力不仅自外部激起，也从庇隆主义内部升腾。三代庇隆主义者都根据自身的时代需求对庇隆主义产生了不同的期待。

16 日至 17 日的那一整晚，人群从拉普拉塔一直步行到埃塞萨飞机场。雨一直下，把街道都变成了泥塘。内斯托尔和他的同伴达涅尔·费尔南德斯以及高多·冯塞卡参与了组织秩序的工作，使得从拉普拉塔来的纵队可以有序穿过图尔德拉。他们要在阿里塔利亚航空公司的飞机着陆时抵达机场。

拉普拉塔纵队是由卡洛斯·昆克尔、老奥拉西奥·查韦斯以及卡洛斯·内格里负责的。一万名学生和贫苦的庇隆主义者前一天就出发了。黎明时，有几百人在纺织工人协会体育馆睡了几个小时。还有几百人被铁路工人收留到棚屋内休息。行程过长，以至于很多人都昏倒了。医学系的学生不停地跑前跑后去帮助那些支持不住的人。昆克尔回忆说："让那些昏倒的人回家吃药。"没有时间为他们停留。

天亮的时候，队伍到达埃塞萨机场的后方，但是有蓝色的装甲车横放在路面上。经过简短的沟通后，只获得一个悲惨的结果：不会遭到镇压，但是要撤退。装甲车让出了一侧街道，一万人开始返程。庇隆回到阿根廷了，而他们的使命也完成了。

---

❶ López Rega，阿根廷反共产主义联盟的创立者。——译者注

第五章 拉普拉塔，1973

1973 年 6 月 20 日

这一天发生了埃塞萨机场屠杀事件。庇隆再次回国要留下来了，克里斯蒂娜的母亲奥菲利亚·威尔姆非要前去。她告诉她的大女儿，她将自己去。克里斯蒂娜决定陪着她，她们碰上了大学生民族革命联盟和艾娃·庇隆团体阵线以及法律系的队伍。她们两人以一种不寻常的方式处在枪林弹雨中：女儿拉扯着妈妈要离开。

"我不明白为什么她想和我系里的同学一起去，但是妈妈……"克里斯蒂娜带着几分容忍的笑意说道，"妈妈想去，很想去，我对她说'你最好留在这儿别去'，但是，又能怎么样……好，好吧，我对她说，我跟你去。我们很早就出发了，早上 5 点刚过。我们和妈妈工会里的一个同志一起走的。我们从艾维塔城下来，进到一条横街。因为得把车停到很远的地方，所以我们走了很久，差不多到 6 点半吧，正要天明的时候，雾气很重，像在电影里一样。"

"像在索拉纳斯的电影里。"我对她说。

"不，比那更好。不像索拉纳斯的电影里那样的人工修饰。我们是在搞政治运动，不是小说情节。我们进入埃塞萨机场，从瑞奇艾利开始走，我爬上护栏想看看全景。印象非常深刻，人们像蚂蚁一样，从四处涌来。有自己去的，有成帮结队的，带着旗子，举着标语。我看见一队人举着乌拉圭的旗子。我看见极高的土著托瓦人。我还看见了一面巨大的 ERP－8 月 22 日❶旗帜。所有这些都在一团雾中。我们走了几个小时才到，得 10 点多了。我知道系里的同学要从哪边进来，我走向那里，那边也是艾娃所在的地方。在专用包厢里面，正中间挂着一幅巨大的庇隆肖像，肖像的一边是伊莎贝尔，另一边是艾娃。我和系里的同学将在这里碰头。我刚一到，就感到有声响。呼、呼、呼。我问一个卖面包夹香肠的家伙。'是的，打枪了'，他告诉我，'但是从早上就一直这样。'青年工会

---

❶ 阿根廷的一支游击队伍。——译者注

（Juventud Sindical）围着专用包厢组成一个圈，我记得是绿色的。那时是下午 2 点……我不知道为什么我把时间都记得那么清楚。但是，这时我看见大学生民族革命联盟白底蓝字的旗子和艾娃·庇隆团体阵线蓝底白字的旗子进来了。他们想进入包厢，但是没被允许。于是他们聚成一团组成楔子型往前冲，冲散了包围圈，闯了进去。立刻，枪声就响起来了。人们开始奔跑，向我们所在的位置跑来，高喊着：'冲我们开枪了！'我的第一个反应就是藏到小树林里，因为我以为那些子弹只是从包厢方向发射过来的。我藏到一棵树后，我妈妈大喊：'我要留在这儿见庇隆，我要留在这儿见庇隆！'难以置信。我对她说：'妈妈，我们不能留在这儿。'很快，子弹从各个地方射来。从包厢方向，也从后面射来。我拉扯着妈妈，我俩兀自争论着。她叫喊着：'谁也别想把我带走！'一个恐怖场景里的可笑争论。往回走的时候，我们与数以千计的涌来的人群相撞，还有人从一辆卡车上对着他们喊：'同志们，不要后退！'现场一片混乱，如同人间炼狱。我们逆流而上，费了更多的时间往回走。当我们到达拉普拉塔的时候已经晚上 8 点了。"

第六章　与他相识

奥菲利亚·皮帕·塞多拉和奥马尔·布斯凯塔在1974年是拉普拉塔众多党内情侣中的一对。他们是内乌肯人,略长于内斯托尔和克里斯蒂娜。皮帕和奥马尔相识于高中时代,在圣马丁中学他们是四年级和五年级的校友。在内乌肯的时候,他们是听克雷登斯或者阿尔曼德拉的歌的年轻人,在城外的酒吧度过周六的夜晚。最耗精力的计划是去智利的毕业旅行。那时在智利掌权的是萨尔瓦多·阿连德。刚刚毕业的他们在智利,尽管只是消遣,却清楚地感受到,他们的生活重心变成了政治。

奥马尔来自一个"非常庇隆主义"的家庭。皮帕说她的家庭是"非常反庇隆主义"。1972年,他们来到拉普拉塔,那时他17岁,他们的生活同时代紧密相连,政治影响着他们看待世界的眼光,而参加政治组织则是小地方的学生的聪明做法。

而命运早就为他们准备好了惊喜,时间会让它们慢慢浮现。最不可思议的是——如果那时知道,他们一定会笑出声的,如同听到内斯托尔其他的逗事或者夸张的言语——和他一起生活的他与和她一起上学的她,他们当时并非有意接近的那两个人,而不是一个,将来会是国家总统。

皮帕和另一个内乌肯的朋友马伊特·奥利瓦一起住在圣马丁广场对面的一间公寓里。马伊特的男朋友是大学生民族革命联盟的领导人,叫高多·埃斯特班。这个家里充满了政治气氛。那些内乌肯人抛弃了摇滚,开始听民族音乐。他们忘却了波利切式酒吧❶而投入佩尼亚式酒吧❷。高多张嘴闭嘴便是国家的、人民的,披着他红色的斗篷,从这头走到那头,骄傲地说自己是萨尔塔人。

　　奥马尔和皮帕是法律系的学生。在拉普拉塔大学的第二年,皮帕上义务法这门课的时候与一名新入学的女生相遇了,这个新生就是克里斯蒂娜·费尔南德斯。她们两个都很认真,十分看重学业,就在皮帕家小小的起居室里被笔记包围着,也不出去玩,哪怕错过了狂欢派对。

　　之前克里斯蒂娜一直和一个叫劳尔·卡费拉塔的拉普拉塔人谈朋友。这个人原来是个橄榄球运动员,这样一个身份可以意味着很多东西,对一个庇隆主义的女孩而言却没有那么大的吸引力了。从根本上讲,他们属于不同的人。克里斯蒂娜已经开始念法律了,而且自以为是一名合同法考试得10分❸的学生。合同法是阿尔伯特·斯泊塔先生讲授的,这位教授一向以严格著称。这样的成绩为她在学生当中赢得了尊敬,那一年大家口口相传:这就是那个10分女孩。

　　克里斯蒂娜和皮帕坐在一起。一天克里斯蒂娜向皮帕坦陈遇到了情感危机。她和劳尔是稳定的一对,但是他们的志趣早已经分道扬镳。克里斯蒂娜对她说,她相信她的恋爱就要结束了。皮帕说:"别担忧,我们会给你找一个人。"没有人会质疑这一点,因为克里斯蒂娜就是一个甜心女孩。在这个时期见过她的人都说,那时的她就是博客上广为流传的那张照片上的样子,那张她站在动物园铁栅栏的照片。

　　照片上的女孩是1973年的庇隆主义女孩。离近了看,这是一个吸着烟往下看的女孩,她照相时从来不笑。化着眼妆,非常性感;穿着一件格子衬衫,剪裁十分修身,但袖子有些孩子气。她是街区里最聪明的那个女孩。

---

❶ Boliche,主要是年轻人跳舞的酒吧。——译者注
❷ Peña 是听歌的酒吧。通过他们对酒吧喜好的转变,表明他们的成长。——译者注
❸ 10分即满分。——译者注

关于她的聪慧，皮帕从课堂上就能看出来。她发现克里斯蒂娜不仅发挥她所知道的，她还知道用何种方式捍卫她的理念：从此刻起，她就把她定义为一个行动派女性，而现在回想起青年时期的克里斯蒂娜，与现在眼看着成为总统的她是如出一辙的。因为她一直就知道如何学以致用，也知道如何去捍卫她的所学和所用。

1974 年，课程可以选修了，但是班级是通过抽签来决定的。需要最大化地利用课程并和同学处好关系。这一年的义务法口试是辩论式的，克里斯蒂娜很快作出选择，作为考试教授的反方——这点不仅皮帕早就预料到了，别人也如是。

"有必要吗？"皮帕坐在她的椅子上心里面笑着想。她见气氛变得紧张，教授站起身来，和这个涂着睫毛膏的学生你来我往辩论得越发激烈。克里斯蒂娜为此冒着几个月白白熬夜看书的风险。在这种气氛中，教授陡然结束了考试。克里斯蒂娜严肃地离开了，嘴唇紧闭，头高昂着。皮帕说，就是从那刻起克里斯蒂娜的自我苛求给她留下了深刻的印象。她擅长挑战别人，但更擅长挑战自己。

在埃尔卡拉法特，交谈当中克里斯蒂娜询问我本书的提纲。我从笔记本里拿出几张复印件，我有些抱怨自己，因为我本知道她会问我要提纲，我想着给她个复印件并且用文件夹夹好带来，像人们通常所做的那样。但是因为复印机快没墨了，所以印出来的那几页不清楚。我便给她在纸上勾勒这本书，告诉她我想谈的话题将会成为书中的哪些章节。为了方便阅读，她戴上眼镜。读到前几个话题之一的"她的自我苛求"时，她停了下来。

"她的自我苛求，"她大声地读出来，然后摘掉眼镜把那几页复印纸放在边桌上，"是的，是的，这是个话题。我对自己的要求非常苛刻。这是我承担好责任的方式。二者是不可分的。"

皮帕说，作为一名法律系的学生，克里斯蒂娜一直很让她吃惊。她在学习时有一种强烈的固执，论据一定要无懈可击。坚定可靠是她对外在事物的要求，也是自她个性最深处而来的一种自我需求。她很享受在考试中大声地捍卫自己的信条、在关键时刻处于危险当中并完全相信自己的那种感觉。她充分学习以确保自己可以有安全感地去做事。她和别的人不一样，他们更贴近政治组织，比如内斯托尔，也更愿意轻松地度过考试。

几年前内斯托尔就已经从圣克鲁斯来到拉普拉塔，他也换过几个住处了。这一年是1974年，他住在奥马尔·布斯凯塔位于40号大街和41号大街交汇处的6号寓所里，因为奥马尔的姐姐们都比他大，已经毕业了。他们两个都加入了大学生民族革命联盟。

皮帕在和克里斯蒂娜同桌的时候就认识了内斯托尔——他与她的男朋友住在一起。内斯托尔非常好辨认，因为他总穿绿色外套，人很聪明，也爱开玩笑，但是他绝不算是个"美男子"。当皮帕安慰克里斯蒂娜说给她找个男朋友时，曾想起过好几个人，但是她们两个谁也没把内斯托尔算在内。

当克里斯蒂娜同卡费拉塔的恋情降温时，皮帕的家里举行过好几次聚会。奥马尔会带着吉他和朋友参加，这些朋友里面就有内斯托尔。在这些事先的交集中，没有任何情况表明他们两人将会擦出火花。

从审美意义上看，他们就像身处两极。克里斯蒂娜美玉无瑕，内斯托尔却是一团糟。他们四个聚在一起学习。克里斯蒂娜就是一个读书机器，而内斯托尔连坐到桌边都费劲。他是他们当中最积极的大学生民族革命联盟成员，学习成绩却平平无奇。

1974年学生日那天，他们将会擦出火花。

"圣克鲁斯的学生中心在这一年的9月21日于佩雷拉伊劳拉公园举办庆祝活动。内斯托尔从公园那里过来。我在奥马尔家中学习，因为我们有里阿雷斯老师的民法第四章的考试。皮帕到了以后说她的祖父去世了，奥马尔就陪她去守灵。内斯托尔看见我在学习就过来帮我，因为我们本来是两个人一起学，由其中一个人大声读。因为奥马尔走了，内斯托尔就对我说：'我来帮你吧。''好吧，谢谢。'我回应道。他坐下来，然后就开始跟我争论所有的事情！"克里斯蒂娜现在说起来还很气愤："本来是我知道的事情。但是我一说话，他就打断我。'不，不是这样。''怎么不是这样'我跟他说。'不，不是这样。'直到我觉察到他其实是喝醉了。我就跟他说：'亲爱的，你开玩笑呢。去跟你的朋友们开去，跟我开，没门！'他笑了，但是我没走，我觉得是。我想我是留下来了。"

认识内斯托尔之后，克里斯蒂娜简短截说地跟劳尔摊牌了：

"我坠入爱河了。"她对他说。

劳尔却深信他与克里斯蒂娜之间都很好，觉得不过是一场感情危机并且决定等她回心转意。但是任何一个挽回她的举动都没有奏效。几个月后，在从首都回到拉普拉塔的一辆汽车上，他看见她坐在后排，在人群深处，和一些年轻人在一起。他看到她整个旅途中笑颜如花，而他更愿意坐在前面把自己几乎隐匿起来，不让人看见。卡费拉塔记得那天是2月16日，他发现她和他交往的时候从来没有像这一天笑得那么多。他记得那么清楚，因为那天是他的生日，他就在这个日子里失去了她。

现在当奥马尔·布斯凯塔想起那段他与克里斯蒂娜和内斯托尔短暂交集的时期，他和皮帕说的一样，学生日之后没过多久他就和皮帕分开了，之后很多年再没相见。

他说现在知道为什么克里斯蒂娜什么都想学，也知道为什么内斯托尔更倾向于个人兴趣而不太在乎法律系的课程了。因为他们两个人在做准备。"克里斯蒂娜不许我们浪费时间，"他说。当她完成工作的时候特别高兴，而且她工作时也比别人干得更多。想到内斯托尔的时候，奥马尔说他极力捍卫圣克鲁斯的省长豪尔赫·塞佩尔尼克。

皮帕把她所经历的、听到与读到的混为一谈。和这个时期的其他人一样,她想对她的回忆忠诚,但是这很难。回忆被阻挠了,因为时间的流逝、因为被害的友人,也因为经年的恐惧。有一座遗忘的大坝横亘在那里,但那并非有意遗忘。那是精神的创伤。在讲述中能够看出来回忆都是一些片段,如同冻结的图像。那些轶事并非确凿,人名也发生混淆,绰号和真名不分。印在脑海里的拉普拉塔的那些地址、门牌号是他们曾在那里居住过的确凿证明。但是回忆是断断续续的,谈话也不可避免地转向了经历中的那些曾经亲密的逝者。逝者不是悲剧性的出现,而更像一段复杂道路中的路标。人们讲述的时候声音颤抖但情绪克制,仿佛为了与回忆共处而保持了必要的距离。

1973年是承诺与意志的一年,这年的情形如文身一般刻在脑海之中。毫无例外,这个时期被提到时总被冠以"一生中最美好的时光",不仅因为那是他们参与的重要历史时刻,也因为此时他们正年轻,这个国家和她的人民也正年轻。时光飞逝,已经在伊莎贝尔的任期内开始显露的悲剧在人们的回忆中留下了无法抹去的恐惧,时至今日,还会被不断地提起和想起,历久弥新。

皮帕也记得内斯托尔谈到塞佩尔尼克,"是我们喜爱的执政者之一"。所以内斯托尔规律性地去圣克鲁斯,然后带回庇隆主义在南方的消息,皮帕注意到他的思路很清晰。他和大家一起在拉普拉塔参加政治活动,但是他是那个最有意识的人,他表现出参加组织活动不过是个过渡,真正的政治活动应该是每个人都把庇隆主义带回到家乡、带给家乡的人民。

她和内斯托尔一起学习好几门课程。他的一个品质给她留下了深刻的印象,随后,她也亲眼见到这个品质发挥作用。"他有一种可以把复杂的事情以简单的方式表述出来的能力。他懂得快速地提炼出问题的焦点。内斯托尔负责总结,而克里斯蒂娜负责分析。"

克里斯蒂娜和内斯托尔都认为在民主范畴内应该抛弃武装斗争,言

第六章　与他相识

辞辩论才是政治的方式。皮帕回忆起一次他们坐公共汽车从拉普拉塔到五月广场。庇隆忽略了他们。大学生民族主义大会（CNU）已经行动起来，把他们的极右暴行与3A党（Triple A）的极右暴行联系到一起。庇隆也让他们这么做了。自从流亡以来，他与这两方的人都保持着联络。

根据皮帕的回忆，从五月广场回到拉普拉塔的公共汽车里，充斥着痛苦和迷茫。内斯托尔沿着汽车里的通道走动，他对大家说，想在这儿讨论与庇隆的冲突。关于这一时期，克里斯蒂娜回忆说5月1日她们没有去广场。马伊特、皮帕和她留在拉普拉塔。内斯托尔、奥马尔和高多·埃斯特班去了，但是没有一起去。他们那时已经不在地方性的政治组织了。大家的讨论集中在两个问题上，一个是日益增长的政治上的军事化，另一个是与庇隆之间的冲突。

皮帕回忆，除以上两个问题，他们也争论所有的事情。人们根据信任度分成更小的团体。内斯托尔执意在这里展开紧急讨论，他站在公共汽车上面。一些人看着他，交头接耳："他这人怎么回事？是想脱离组织吗？"一个人在底下说。内斯托尔批判了垂直主义，庇隆和左翼城市游击队的垂直主义。皮帕说，远远地，望着那个瘦瘦的人，因为他发音不太清楚，大家听不太明白，所以就大声地说。她记得他因为太直率了，有时候会招致不满。她也看着这个人之后在几十年中担任行政官员，直到位居总统。她也相信，当他不再当总统时，将会是克里斯蒂娜履职，因为内斯托尔一直就是克里斯蒂娜的追随者。

奥马尔、皮帕已经和内斯托尔、克里斯蒂娜不在一个生活圈子了，但是他们都知道这对政治身份显赫的夫妇举案齐眉：一个光芒四射时，另一个会韬光养晦，反之亦然。尽管奥马尔和皮帕已经分开很多年了，他们两个在不同的地方说的却是同样的话：自从1974年的那个午后，内斯托尔和克里斯蒂娜被单独留下，这两人间就产生了永恒的、封印的和颠扑不破的爱情。皮帕和奥马尔曾在个人生活中见证了内斯托尔和克里斯蒂娜的亲密关系，之后这种亲密一直在他们的公众生活中继续保持着。

那个午后的六个月之后，他们便结婚了。

"伙计！你怎么样，伙计？"卡乔·瓦斯克斯隔一会儿就拍拍克里斯蒂娜的父亲爱德华多·费尔南德斯。爱德华多属于激进派。卡乔是内斯托尔和克里斯蒂娜婚礼上请的九位朋友中的一位。那天是1975年5月9日。

婚礼的庆典是在克里斯蒂娜的一位姨妈位于贝尔城的家中举行的。一张照片都没有留下。非常有限的宾客，极其简朴，但这就是两位新人想要的。爱德华多·费尔南德斯不动声色地忍受着卡乔的不断问候。卡乔来自圣克鲁斯，是这场婚礼的见证人。

"都挺好吗，伙计？"卡乔因为喝了葡萄酒后而讨人嫌地老是拍人。费尔南德斯碍于妻子和女儿的情面，只好无可奈何。克里斯蒂娜穿了一件蓝色的乔其纱衣服。内斯托尔和往常一样。那是一个有些不合时宜的婚礼。死亡的氛围已在身边围绕。在这个不同寻常的婚礼上，气氛有些沉重。之前连亲家是谁都不知道，而且九位来宾还非体面之流。在婚礼的最后，大家同新婚夫妇一起唱起了《庇隆主义者进行曲》。

第七章　格拉蒂丝与奇切

　　格拉蒂丝·达雷桑德罗和卡洛斯·奇切·拉伯力塔1975年年中~1976年3月与内斯托尔和克里斯蒂娜生活在一起。正好在我要写这一章的时候，格拉蒂丝从拉斯弗洛雷斯给我发来了一个信息：她说忘记跟我确认她的名字拼写是"Gladis"而不是"Gladys"。当我读她的名字的时候，她笑了。她对名字的确认和重视度让我觉得她很在意自己的身份，这既是有文化的标志，也体现了她对语言的敏感度。

　　格拉蒂丝几乎从记事起就加入了政治组织。她的经历中刻骨铭心的一段便是失去了她的丈夫奇切·拉伯力塔。他于1976年遭到劫持并从此下落不明。
　　格拉蒂丝和奇切一直与内斯托尔和克里斯蒂娜住在一起，直到1976年政变的那天。当我从《70年代人》中读到格拉蒂丝和奇切的经历时，不禁动容了。我把那些段落用记号笔作标记。我把焦距拉近，将思绪停在一个特殊的揭示性的时刻：那晚克里斯蒂娜前往格拉蒂丝的家——尽管还不认识她——告诉她可以和奇切一起同他们搬到贝尔城。
　　我觉得这个场景具有很强烈的时代感，主角是两个二十多岁都信仰庇隆主义的女孩，她们各自代表着庇隆主义的不同侧面，但是都热衷于政治运动。
　　格拉蒂丝是奇切的同志，奇切曾经退出了庇隆主义左翼城市游击队。他们必须离开他们生活的那个家，因为那也是地下组织的处所。庇隆主义左翼城市游击队把他们没有任何掩护地留下了。奇切是一名重要的干部，23 岁时就已经是贝利索的庇隆主义青年联盟的一线领导了。此时他们两个身处危险之中。格拉蒂丝属于基层组织。克里斯蒂娜是一名大学生，同时也是一名反对武装斗争的政治人士。新婚不久的克里斯蒂娜来到格拉蒂丝秘密住所的大门前要向其施以援手。

这是一种支援，但是会把地下组织所在地面临的危险嫁祸到这对新婚夫妇在贝尔城的家中。我在脑海中无数次想象那两个素未谋面的女人以及她们简短而紧急的首次对话。

"你知道，我都已经忘了。"克里斯蒂娜对我说，她很吃惊自己记忆中的缺失，"一开始我说不，这个没有发生过，不是这样的。我不记得格拉蒂丝和奇切是怎么来到家里的了。然后我又想起来了。是的，当然，我对自己说，我去他们家了，是的，是真的，我去告诉格拉蒂丝让他们来我这里。那是因为后来发生的事情使我忘记了最初的情形。"

格拉蒂丝把前前后后发生的事情娓娓道来。1975 年的一个夜晚，在位于 16-48 大街的住所里，她用一个烟头点燃了一支科罗拉多斯牌香烟。天色已晚，但卡洛斯还没有回来。格拉蒂丝感到紧张，但是早就习惯了这种气氛。她不知道他们能去哪里。所有的事情都发生得很仓促。

奇切和她是拉斯弗洛雷斯人，但是格拉蒂丝是在拉普拉塔爱上奇切的，那时她 19 岁，奇切 16 岁。他出生于社会主义家庭。他的父亲创建了拉斯弗洛雷斯的阿根廷共和国教育工作者同盟（CTERA）。她的家庭只是一个普通的政治家庭。

起先她没有看出来奇切的实际年龄。"他看起来不小，一点也不像 16 岁。"她澄清道。她是为此忍受了一些玩笑话，但当时拉普拉塔情侣中的女子年龄大于男子的情况是很常见的。

他们两个相识的时候就都已经是庇隆主义者了。她在卫生工会工作，他在贝拉萨特圭的石油化工系统工作。时光飞逝，1975 年的好时光一去

第七章　格拉蒂丝与奇切

不返。恐惧与怀疑四处弥漫。那些早先加入庇隆主义左翼城市游击队的队员已经习惯于组织强行制定的安全守则。队员彼此之间了解有限。尽管他们还都是年轻人，内心却已经开始变得坚硬。

这天晚上，格拉蒂丝以为他们两个要出事。他们说过要回到拉斯弗洛雷斯，但是距离政变只有半年了，回老家看起来就是退缩。如果回去，所有的就都扔下了，也许留下来更值得。格拉蒂丝和奇切的生活重心就是政治，在那个时代，他们就是那种把政治当做事业的青年，所以他们决定还是留下来。

门铃响了，格拉蒂丝感到不安。因为从来没人按过门铃，卡洛斯是有钥匙的。他们也从不在这个秘密的家中接待任何人。她克制了一下情绪，前去开门。

"你好。"一个女孩对她说，"我是克里斯蒂娜·费尔南德斯，卢平的伴侣。"

"你好。"格拉蒂丝回答道。她把门打开一点，但是不想让对方进来。

"我们不久前结的婚，现在住在贝尔城。我来找你们是希望让你们和我们住在一起。"

"太好了，但是卡洛斯现在不在。"

"我告诉你地址，"这个女孩边说边递给她一张圆珠笔写的纸条，"等卡洛斯回来的时候告诉他，然后你们一起过来。我们已经给你们准备好了地方。"

"谢谢，再见。"格拉蒂丝说着关上门。她站在那里试图想清楚这个女孩是什么人。

她把纸条攥在手里，想起了谁是卢平。奇切曾经在大学生民族革命联盟的成员中活动以寻求安全保护。

在一次有些勉强的介绍中，格拉蒂丝听到过卢平的名字和姓氏。这引起了她的注意，因为在庇隆主义左翼城市游击队的队员中彼此不说姓氏。格拉蒂丝感觉好多了，也非常感激。她知道克里斯蒂娜夫妇收留他们是自找麻烦，她把纸条在手里攥得紧紧的。

稍晚一点的时候卡洛斯回来了，格拉蒂丝紧张地把克里斯蒂娜的到访讲给他听，并把纸条拿给他看。他们两个人不再疑虑，当晚就收拾打包，并把他们数次搬家时都带着的几件家具收拾好，第二天就搬到了贝尔城。

他们与内斯托尔和克里斯蒂娜同住的是一所小巧而简朴的房子，门口有个花园，就像画上画的那种房子。这是克里斯蒂娜爸爸借给他们的房子，有一个厨房、一个客厅以及一个卢平和克里斯蒂娜一直居住的卧室。在上面还有一间阁楼。

"你们可以住这儿。"克里斯蒂娜指着阁楼说。卡洛斯和格拉蒂丝同意了。

日子开始过得越来越紧张、黑暗，充斥着坏消息。尽管卢平和克里斯蒂娜才刚刚开始新婚生活，这两对情侣在贝尔城的同屋生活还是相当好的。他们四个都喜欢辩论，所以常就政治或者家庭生活发生争论。除此之外，他们相处得非常好。

从一开始，他们就试图过正常生活。每天早上，格拉蒂丝、克里斯蒂娜和卢平就出门上班。虽然卡洛斯没有什么要干的，但是为了不引起邻居们的注意，他也一样出门。

因为房子是克里斯蒂娜父母的，所以有时克里斯蒂娜的妈妈会来这里看看，格拉蒂丝和卡洛斯就假装也是访客。席塞乐是克里斯蒂娜的妹妹，她是格拉蒂丝信任的人，每天都来这里。格拉蒂丝喜欢她的到来。席塞乐还是个念中学的小姑娘，很甜美，和他们也很亲近。她少言寡语，也很少插入交谈中，但是她的沉静可以给格拉蒂丝以抚慰。席塞乐总让人觉得是个聪明的女孩，并不是因为她说了什么，而是因为她的谨言慎行。格拉蒂丝信任她。

他们尽可能地保持简单的日常生活。四个人一起用晚餐，总是吃米饭、面条或者炖菜。克里斯蒂娜说她自己在那时"是个好厨师",尽管她也记得曾经做过很失败的丸子。

"那些丸子太惊人了。我放了橄榄碎、裹了面粉,还调了一种我觉得很棒的酱汁。但是我不知道把丸子放在酱汁里面煮之前应该先捏紧实了。当我把它们倒进去酱汁里的时候,全都散了,跟一种不能下咽的意大利肉酱似的。好吧,反正他们也都吃了。内斯托尔从来不下厨。他和我结婚前,住在宿舍的时候,他们分工做家务。内斯托尔负责打扫和收拾。他喜欢干这个。我不记得他们中的谁管做饭,但是我记得做得很糟糕。有一次我去他们那里,他们做了一锅杂烩。你看,食材应该分别下锅,可是他们就是把所有的东西一块儿搁进去。也不知道他们放了什么东西,锅里的油都凝成一块了,勺子就在里面立着。"

在贝尔城的家中,卢平和克里斯蒂娜非常频繁地招待他们的同志以及和他们一样的庇隆主义者。格拉蒂丝和卡洛斯则没有来访者,但是他们也参加卢平和克里斯蒂娜招待客人的聚会。周日他们聚在一起会烤肉、弹吉他、谈天说地。这是一周中的重要时刻。

那时候人们在家里、旅舍或者酒店里待着。连一分多余的钱都没有,只有内斯托尔和克里斯蒂娜,他们把内斯托尔父母每月给的钱都存起来。其他的人不工作,仅靠家里寄来的少量钱财勉强度日。那是一段条件恶劣、衣食简朴的日子,他们唯一能去的地方就是俱乐部,那里有面包夹香肠、馅饼、葡萄酒和民族音乐。聚在一起的全都是参加了政治组织的人。俱乐部里烟雾缭绕,抽的都是没有过滤嘴的因帕西亚雷丝和帕提古拉雷丝牌子的香烟。

格拉蒂丝清晰地记得内斯托尔和克里斯蒂娜的家里有一台电视。她记得是因为那是她在拉普拉塔的第一个家,也是她住过的第一个有电视的家。与之相反的是,克里斯蒂娜已经忘记了。

"我们有电视?我们?"当她回忆的时候问道,"没有。我们有吗?"

"是结婚礼物吗?"

"对！我们有！当然了，我想起来了！你知道我怎么想起来的吗？因为我观看了贝尔纳尔多·内乌斯塔特为洛佩斯·雷加辩护。我和格拉蒂丝还有奇切在家看的电视。是11频道。"

他们可以知道所有的事情，因为对消息如饥似渴。在家的时候，卢平时刻把耳朵贴在广播上。他收听所有的节目和所有的足球消息。奇切这个职业的辩论手在合住之后没多久就碰上了克里斯蒂娜的回应。她同他不停地辩驳与争论那些关乎国际政治、第二次世界大战以及战后的话题等。

对格拉蒂丝来说，克里斯蒂娜有些奇怪，但是这些奇怪的地方并不会让她想疏远克里斯蒂娜。她们把彼此视为同志并互相接受，这点比两人间任何差异都要深刻。但是克里斯蒂娜这个中产阶级的大学生在家里总是走来走去，大声地读着笔记如同着魔一般地学习，并且一早起来就画上眼线。这对格拉蒂丝这样一个不注重穿着也不化妆的人来说，确实有些奇怪。

格拉蒂丝很爱听克里斯蒂娜和卡洛斯争论，觉得他们两个很相像。格拉蒂丝总是在争论时让奇切占上风，而卢平也让着克里斯蒂娜。她和卢平会开个玩笑或者转移话题，但是奇切和克里斯蒂娜从来不让步。有一次他们就中国革命发起了一次漫长而又疲惫的辩论。之后没有几天就是克里斯蒂娜的生日了，奇切请求格拉蒂丝陪他去买生日礼物，他已经决定好了：安德烈·马尔劳克斯的著作《人类本质》。克里斯蒂娜贪婪地读了两天。这是一本关于中国革命的著作。马尔劳克斯陈述了在不同的革命领域中的冲撞与传承等。当中国发生革命的时候，苏联正遭受着斯大林主义、列宁主义以及托洛茨基主义之间的伤口般的分崩离析。

1975年年底的假期，卢平和克里斯蒂娜前往里奥加耶戈斯旅行。路途很远，飞机旅行在那个时候也不普遍。格拉蒂丝和奇切到埃塞萨机场为他们送别。到了南方之后，他们却被捕了。

第七章 格拉蒂丝与奇切

1月6日，年轻的基什内尔夫妇出去与另一对朋友吃饭，他们是卡乔·瓦斯克斯和妻子玛贝尔（Mabel）。他们在一起聊了几个小时之后，玛贝尔要回到伯雷利医院，她的婆婆在那里住院。于是他们四个就上了卡乔的黄色雪铁龙汽车。在抵达医院门口的时候，一辆绿色的法尔孔汽车拦住了他们，车上坐着三名便衣。另外一辆省级警察巡逻车也停了下来。他们中的一个人走到雪铁龙的司机位置。

"您是瓦斯克斯吗？"

"是的。"

"您被捕了。"

他们把四个人都带走了。在第一警局，卡乔和一位年轻的警官还可以说上几句话，因为碰巧是他的高中同学。卡乔问他是怎么回事儿。

"有一道第五纵队的逮捕命令。"那位警官面无表情地说。

"那他们三个呢？"卡乔一边问一边看着内斯托尔、克里斯蒂娜和玛贝尔的方向。

"因为他们和你在一起。"答道。

他们四个一直被拘禁到月底。家里人为他们四处走动，就像在这个国家的小城市里通常会做的那样。在政变之前，人际关系还是管用的。

当我跟克里斯蒂娜提起那次被捕的经历，她把眼睛睁得大大的。她点头表示肯定，并举了几个例子作为回复，如同又一次回到了1976年1月。

"我被拘禁在里奥加耶戈斯的第三警察局，令人吃惊的是，离我住的街区很近，而现在我儿子又住到这个街区。那是一个处理女性犯罪的警察局。那个月除了我，还有三名女性被羁押。一名曾企图谋杀她的警察丈夫，她在马黛茶中投了耗子药；一名曾被继父强奸了的小姑娘由于在街上扰乱社会治安被监禁；还有一名女子是因为对情人开枪。她们可以在警局内随意走动。但我是被单独禁闭的。内斯托尔被关在市中心的第一警察局。它坐落的大街过去叫胡里奥·阿尔汉蒂诺·洛卡总统大街，而他现在是内斯托尔·卡洛斯·基什内尔总统。"

当他们被释放并返回拉普拉塔后，关于这次牢狱之灾传闻已经不胫而走。在那些庇隆主义的青年大学生中间仍然蔓延着因为图尔克·阿可晨和卡洛斯·米盖尔的暗杀事件所造成的恐惧。这两人是大学生民族革命联盟的载入史册的领导人。他们的名字对于盟员来说就意味着典范和归属。没有牌照的汽车把他们分别逮捕，然后一起杀害。

月中的时候，席塞乐去找了奇切和格拉蒂丝，告诉他们内斯托尔和克里斯蒂娜入狱的消息。

"你们得走。"她对他们说。

如果家里有人被捕，其他人应该立刻离开。他们收拾了一个包袱就去往其他同志家中。在卢平和克里斯蒂娜遭到羁押的一个月中，格拉蒂丝、卡洛斯和席塞乐多次返回贝尔城的家中烧毁书籍。那是一整箱一整箱的书。席塞乐哭了，既因为那些书，又因为她姐姐前途未卜。也有关于庇隆主义的杂志和诸多东西。他们在屋子深处用烤肉炉焚毁。

贝尔城的家上了锁，甚至衣服也挂起来了。当内斯托尔、克里斯蒂娜和奇切、格拉蒂丝四个人再次聚首的时候是在10号大街的一家旅舍里，他们两对租了两间挨着的房间。那是一个非常可怜的旅舍，一个长长的过道串起许多房间。每一间房有一个小小的卫生间和小小的厨房，还有一个老旧的衣橱。但是够用了，因为他们来的时候只有一个小行李包，一穷二白。

他们四个人还是在工作时间外出，保持或者假装有一个正常生活。在那可怕的政变来临之前的一个月里，他们被痛苦折磨得几近窒息。他们每天晚饭的时候回来，但是有时候悄无声息地用餐。每天都有交火、劫持和爆炸的事件发生。

他们感到无依无靠，想要离开这里。已经没有人来看他们了。人们已经麻木了，也不再聚会。卢平和克里斯蒂娜说他们想去里奥加耶戈斯。

第七章　格拉蒂丝与奇切

基什内尔的家庭不是搞政治的，他们已经在圣克鲁斯定居四代人了，而且南方流血事件要比北方少一些。奇切和格拉蒂丝在犹豫是否要回拉斯弗洛雷斯。在一个小城市里，他们两个非常容易暴露。格拉蒂丝在很年轻的时候就已经参加政治组织了，从那时起就收留过很多遇到安全麻烦的同志，甚至包括1973年政变❶之后流亡到此的智利党派人士。

3月23日晚上，他们很早就上床休息。紧张的局势已经快让人不能忍受了。卢平无法入睡，他整宿地听广播，一直到天明。很快他把大家都叫起来：

"肯定要政变了。"他对他们说。

奇切回答道："我们的国家已经被军人政府把持七年了。"

他们四个聚在卢平和克里斯蒂娜的房间里。必须立刻撤离旅舍，甚至离开拉普拉塔。他们把两个房间散落的东西都打了包，然后两对情侣在各自的同志家中略停留几日。清晨的时候他们就离开了宿舍，在街上的运动开始之前。他们在门口拥抱告别，彼此祝福好运。

几天之后，格拉蒂丝用公共电话通知她的工作单位她辞职了，也由此得知一个让他们改变出行方向也改变命运的消息：政变的前一天晚上，奇切的父亲在拉斯弗洛雷斯被捕了。

奇切一点都不怀疑他们想逮捕的是他，所以不得不回到他的城市，把父亲换出来。他确信他们也就是把他关一阵，仅此而已。格拉蒂丝不这么想，她劝他打消这个念头。但是没有什么选择。奇切的母亲自从丈夫被捕后一直抑郁地躺在床上。父亲是这一家的支柱，奇切还有年幼的妹妹。他决定回到拉斯弗洛雷斯。

卢平就要完成大学最后的课程了，他想尽快毕业，和克里斯蒂娜逃回南方。7月3日，最后一门课结束了。奇切和卢平见面分析当前的形势，卢平劝他不要回拉斯弗洛雷斯。但是奇切去意已决。

"这是我的责任，就这样。最多在监狱里待七年。"他说。

---

❶ 指1973年智利总统阿连德遇害身亡的政变。——译者注

他们在街上拥抱,这是他们最后一次见面。

一周后,奇切和格拉蒂丝分别回到拉斯弗洛雷斯。格拉蒂丝为了不连累自己的母亲和祖母,住到以前工作时的同事家中。仅仅几天之后,在其中一名女同事的家中,当她们与奇切一起喝马黛茶的时候,警察来了。他们问谁是卡洛斯·拉伯力塔,"我就是",奇切答道,然后他们就把他带走了。

在最初的两天里,他被合法地拘禁在拉斯弗洛雷斯的警局里。但是4月27日,他就被转移到阿苏尔,与他一起转移的还有两名分别来自鲁斯和福艾尔萨的工会委员。在阿苏尔,他们把他扔在看守所,那两个工会委员则被关进监狱。格拉蒂丝、卡洛斯的妹妹和妈妈第二天就抵达阿苏尔。她们给他买了一些香烟和一条裤子,但是被告知他正在关禁闭,所以没能见到他。

同一天晚上,格拉蒂丝去她的婆婆家休息,她吃了些药,已经两天没合眼了。半睡半醒中,几声尖叫把她吵醒了。当她睁开双眼时,参加行动的八个军痞中的两个正拿枪指着她的头。

他们揪着她的头发把她从床上拽起来,然后推搡到厨房里。在那里,她看见了她的婆婆还有之前被捕的奇切的父亲。他们把他从监狱里带出来,为了让他出现在这残忍的一幕中。格拉蒂丝的婆婆和小姑子们被关在一间房里。卡洛斯年迈的祖父母在另一间屋中哭泣。他们把格拉蒂丝和她公公从正门带出去,在那里她看见了奇切。奇切在他们的手里,遮着脸、赤着脚、戴着手铐,指甲都没了,身上是酷刑之后的血痕。

奇切求他们不要对格拉蒂丝做什么。在疼痛导致的阵阵眩晕中,她认出了他穿着棕色的灯芯绒裤子,这一幕深深地印在了她的脑海里。这条棕色的灯芯绒裤子证明了这个受困的、饱受屈辱和惨痛的男人就是奇切。

他们去找一个写有地址的联系人手册,但实际上并不存在。他们把奇切带进一辆车中,把格拉蒂丝带进另外一辆。他们搜查了位于两个方向的两处住宅。这应该是酷刑之下让他吐露的。但是一处住宅属于一名正在欧洲的人，另外一个住宅是空的。格拉蒂丝被扔到汽车前排的地上，不停地挨揍。他们带着卡洛斯在镇上转来转去，让他指认。但是他谁都没有指认。他们不停地打格拉蒂丝，直到打累了，把她赶下车，让她背对着人，假装要射杀她。他们把子弹射到地上，格拉蒂丝晕头晕脑地失去了知觉。他们又把奇切带走了，从此格拉蒂丝再也没有见过他。

格拉蒂丝的婆婆和小姑子像孤魂野鬼一样游荡在拉斯弗洛雷斯，仍然对前一天晚上发生的事情感到深深的恐惧。她们在天亮的时候找到格拉蒂丝。从那天，5月2日起，便开始寻找奇切，一年又一年永不停止。奇切的父亲被关押了5年。奇切就这样消失了，他的死至今没能水落石出。

七年之后，进入民主时期，卢平开车路过服务站时向人打听格拉蒂丝。他们给了她的地址，他驶入拉斯弗洛雷斯。抵达她的住处后，他按了门铃并留在那里午餐。为了和家人在一起度过一个月，卢平和克里斯蒂娜在贡奈特租了一间乡间别墅。卢平邀请格拉蒂丝来他们家住了一周。大家便在这里重逢了。

2003年，基什内尔担任总统之后，格拉蒂丝接到过克里斯蒂娜的电话，邀请她去奥利沃斯官邸用餐。

"去奥利沃斯？我？"格拉蒂丝在电话这端笑了，另一端的克里斯蒂娜也笑了。

当她抵达的时候，卢平对她说想在拉斯弗洛雷斯举办一场纪念当地失踪的五人的活动。五人中的一位就是奇切。他说这话的时候是2003年，一年之后，卢平就在拉斯弗洛雷斯的人权主义者的环绕中在麦特雷广场为一尊小型纪念碑揭幕。在这场活动中，他向大家讲述了他那位勇敢的朋友。他说，如果奇切在的话，就轮不到他当总统了。

如今，格拉蒂丝是一名理发师，住在拉斯弗洛雷斯，在她家简朴的餐厅里挂着一幅毕加索的《格尔尼卡》复制品。她仍然参加政治活动。

克里斯蒂娜与内斯托尔在巴塔哥尼亚

克里斯蒂娜、内斯托尔与马克西莫、弗洛伦西亚在一起

2013年内斯托尔当选总统后,夫妇二人亲密交流

内斯托尔与克里斯蒂娜（一）

克里斯蒂娜与内斯托尔在集会上

内斯托尔与克里斯蒂娜（二）

内斯托尔与克里斯蒂娜（三）

内斯托尔与克里斯蒂娜（四）

第 二 篇

第八章 南　　方

　　23 岁的克里斯蒂娜新婚不久，从拉普拉塔的白色恐怖中逃离，来到里奥加耶戈斯生活。那里是内斯托尔的家乡，也是他坚信会再一次收留他的地方。克里斯蒂娜还差 3 门课程没有完成，得告诉妈妈。她的个性和主张，不允许她半途而废，所以后来她在 1979 年把课程都修完了。但是当时还很难说会耽搁到什么时候。1976 年 4 月的一个午后，她告诉妈妈奥菲利亚，毕竟活下来才是优先要考虑的。

　　"我想离开拉普拉塔，想尽快走，"克里斯蒂娜说道，她语气急切，仿佛又回到了那时的紧迫情形，"内斯托尔跟我说他得毕业。我们三个人在妈妈家的走廊里。'我需要当律师挣钱，因为我想当圣克鲁斯的省长。'他对我说。我看着妈妈说'你听到这个人说的了？他想当省长！什么省长，哪儿的省长？'我大喊道。所以，当他成为省长的那天真的到来时，对我而言是所有事情里最不可思议的。"

　　在南方，克里斯蒂娜最先要适应的是风。最初的日子很难熬。巴塔哥尼亚高原的大风野蛮而凶猛。每次打开大门都得忍着——如同被大风扇了耳光和扯了头发一般。在里奥加耶戈斯的广场上，所有的树都长得偏向一侧，弯向地面，因为从海上而来的风刮弯了它们。

　　他们在基什内尔家的一所小房子里落户了。这是一所老房子，坐落在 5 月 25 日大街上。在客厅里，他们开办了第一个律师事务所。接下来的事情发生得很快。第二年，他们就有了儿子马克西莫。昌高·伊卡苏里亚伽从马克西莫一出生就认识他，并称他为"最后一名 1973 年的党员"。马克西莫出生在 1977 年，在他飞快流逝的童年时期，他的父母与很多人一样，过着与世隔绝的生活。实际上，那些年大家都面临着屠杀的威胁。

内斯托尔和克里斯蒂娜刚刚在南方定居，阿根廷同智利要开战的威胁便不期而至了。里奥加耶戈斯被军队包围了。突然间里奥加耶戈斯的居民中就出现了士兵。这一年是 1978 年，犹如一场噩梦。很多家庭都撤离了。他们就那样抛弃了他们的家，就像两年前内斯托尔和克里斯蒂娜离开贝尔城一样。里奥加耶戈斯的居民、里奥格兰德的居民和乌斯怀亚的居民提着行李投奔国内其他地方的亲戚和朋友以求栖身之所。直到 1978 年圣诞节，经过罗马教皇的成功调解，阿根廷和智利双方的军人政府同意有序撤退。在布宜诺斯艾利斯，恐惧以一种不同的方式存在。如果开战的话将是一场肉搏战。对内斯托尔而言更是双重打击，因为他的母亲是智利人。

那些年是寂静和与世隔绝的。人们紧闭大门、只举办最小型的聚会并且四处弥漫着怀疑。1980 年，克里斯蒂娜和内斯托尔再次感受到了危险，有人在他们的律师事务所里放置了一枚炸弹，那时察丘·奥提斯·德·萨拉特已经和他们共用这个事务所了。

"他们把煤气打开了，好把整个工作室变成一个巨型炸弹。他们还把燃气炉的管道也破坏了，从那里也溢出气体。那是 11 月的一个周六。他们是这天清晨潜入的。早上 8 点左右，工作室的一名雇员前来上班。来的路上他抽着烟，幸亏在进门前把烟掐了。到工作室的时候他没有开灯，因为有一些荧光灯亮着。事后他告诉我们，如果当时他开一下灯，就什么都会炸没了。煤气味非常重。他飞快地跑到我婆婆家，那晚内斯托尔住在那儿了。'玛利亚夫人，我有急事要和律师先生谈谈'，他对我婆婆说。当她把内斯托尔叫醒时，他对他说，'在工作室有件奇怪的东西发出嘀嗒的声音'。内斯托尔给他的合伙人奥提斯·德·萨拉特打电话，然后他们一起前往工作室。他们太大意了！先去看了那个爆炸物装置，然后才向第一警察局报警。值班的警察对内斯托尔说，'别闹了，律师！'因为没有人相信在里奥加耶戈斯会出现这种事情。他们派了个人，当那个人进了工作室后，跑着就出来了。随后，他们封锁了整个街区，还切断了交通。爆炸装置的引信被拆除了。我跑遍当地，做了一份请愿书，不可思议地得到了众多的签名，因为所有人都很愤慨。然后，隶属于军队的警长与我约谈了。我们所在的省是由空军管辖的，但是情报则归陆军管。警长是中校。他怒不可遏，但不是因为有人给我们放了一个炸弹，而是因为有人没有获得他的批准就放炸弹。当他们向我提取证词的时候，问我是否有怀疑对象。我回答说，在事发前一天我接到一个电话，是安德烈斯·安东尼也提准将打来的，他是空军基地的第二领导人。他问我高官俱乐部的官员给我们掏了多少钱。我们和这位准将已经有分歧了，因为我们是巴塔哥尼亚银行的律师，并且代表了给空军干活的建筑工人的利益。所以当他给我打电话的时候，我告诉他我们在电话里是不会把信息泄露给他的，说完我就挂断了。当警长和我约谈的时候，他对我说：'您是一位非常勇敢的女人。''为什么？'我问他。'因为你写请愿书收集签名。''那怎么了？'我说。'您在您的证词中提到了一些官员'，他回答道。'我在法律系学习的时候，受到的教育是要对警察说实话'，我对他说。然后我又问他，'如果这些官员卷入了这件事，会怎么样？'他是这样回答我的，'他们肯定已经转移走了。而且我也不容许有人在我的管辖范围内插足。'"

同年，内斯托尔和克里斯蒂娜决意重返政坛。那时，人们只敢小心地谈论政治，而且谈论的也只限于初具雏形的一些东西，如"民主出路"。这个出路在1982年的时候才初现端倪，而最终走上民主的道路还要等待着一场马尔维纳斯的战争。

当涉及马尔维纳斯这个话题时,不得不提到一盘常常在《6、7、8》节目中播放的录像带,里面播的是2010年秋天,克里斯蒂娜对马尔维纳斯战士和战士家属的演讲。她说,一个女孩给了她一块她父亲的勋章,她的父亲在马尔维纳斯战争中阵亡了。克里斯蒂娜说:"她告诉我她的父亲为国捐躯,她感到非常骄傲",说到这里克里斯蒂娜中断了讲话,忽然就哽咽了。自从内斯托尔死后,克里斯蒂娜在公开场合哭过很多次了。但是在那个秋天,大家还不知道克里斯蒂娜会在众人前那么感情外露。马尔维纳斯是一个触及她心灵的话题。当我开始更多地了解她个人的经历时,我就顿时理解了这一切。

这需要回顾过去的场景和气氛。从中可以感受到克里斯蒂娜和内斯托尔亲身经历这次南方战争的强烈情感。也可以更加理解阿根廷在联合国对待大不列颠的姿态,此外也更深刻和更深情地理解"祖国"这个词:此刻适用同样的一句"是祖国,而非殖民地"。

一去不返的飞机

里奥加耶戈斯是大陆距离马尔维纳斯群岛最近的一角,只有700公里。当战争爆发的时候,飞机就从这里起飞,续航能力为两个小时。人们来到大街上看飞机起飞并数着飞机的数量。两个小时之后,这些人再聚在一起看飞机飞回来。日复一日他们用自己的眼睛看到有多少架飞机在路上,与此同时,各种媒体也兴高采烈地发布官方通告,夸口说要"胜利"了。

在里奥加耶戈斯,那时人们就知道英国的海鹞战斗机从智利起飞给他们的机群护航。在当地没有人相信有美国、智利支持的英国会输掉战争。在国家的其他地方,尽管人们被西班牙足球世界杯和媒体的谎言分散了注意力,但是也快要知道真相了。

这种情形支持了战场上的英国兵——尽管他们已经被大风和寒冷搞

晕了——却促进了阿根廷的失利。战争失败的方式极为恶毒：阿根廷军方不在意输赢，人民却满怀希望。

我刚和克里斯蒂娜谈到马尔维纳斯，她的语气就变得愤怒得和要打仗一般。她激动地在扶手椅里支起上身，要说一些如鲠在喉的事情：

"当我听到有人说我们利用马尔维纳斯……我们利用马尔维纳斯？在1988年的时候这家伙，"克里斯蒂娜提到内斯托尔的时候总是这么说，"是市长，那时谁也不认识他，他就竖起了一块向马尔维纳斯一役中阵亡人员致敬的纪念碑，这块纪念碑属于国内最早的一批马尔维纳斯纪念碑，它矗立在非常显眼的地方，在他管辖的里奥加耶戈斯的城市入口处，目中所及便是沙漠、纪念碑和城市。他建造了卡德内尔·萨莫雷圆形广场。这是可以使人关注这次战役的一种政治语言。但是没有人想提起马尔维纳斯，那是一个不好的词。我很清楚地记得竖立纪念碑的那个决定。雕塑师诺尔玛·塞高维亚，她也是《南方舆论》报老板的女儿，给出了一个作品。该作品展示的内容是战士们的怀中抱着他们受伤或死去的同伴。为此专门成立的委员会却不同意使用这幅作品，因为他们认为这代表了失败的形象。这个作品却深深地印在我的脑海里了，我现在还记得它的很多细节。前不久我听说这座纪念碑现在被安放在马德林港了。20年过去了，很神奇。在这里我们终于可以献上月桂树枝并点燃火炬。我喜欢燃起长明火焰的这个想法。"

1982年，埃克托尔·昌高·伊卡苏里亚伽来到里奥服兵役。那时的他25岁，是个新晋律师，他还申请了延长服役期。他在机械化步兵24团服役，该团驻扎在市中心。军队运动和战争的刺激使得步兵团当局提出让3名要求延长服役期的士兵——他们也都是大学毕业生——可以住在军事基地之外。他们立刻就答应了，并出去在小旅店租了一间房，这样每天晚上到了8点他们就可以从军事小氛围里走出来，回到普通人的世界。而此时普通民众对于迫在眉睫的失败毫不怀疑。

苦闷和焦虑迫使他们3个来到长官面前，他们立正站好，请求问长官一个问题。

"我们想知道会不会把我们派到马尔维纳斯。如果是，我们将带着全部的自豪出发，但是我们也想事先通知我们的家人。"

那个年代既没有手机也没有电子邮件。通知家人其实就是告诉他们做好可能会失联的准备。长官盯着他们，眼神轻蔑。

"平头百姓！你们永远都不会去马尔维纳斯的。"他说，然后继续盯着他们，"知道为什么吗？"

"不知道，长官。"三个人回答道。

"因为你们如果去了，回来的时候会泄密的。"

后来他们才知道可能泄露的秘密是什么了：滥用职权、虐待、鞭笞、饥饿、资金和捐款的非法挪用以及高级长官的其他可耻行径。

伊卡苏里亚伽来自奇维克依，在布宜诺斯艾利斯大学学的法律，曾加入庇隆主义青年大学生联盟。内斯托尔·基什内尔那时是当地庇隆主义的青年领导人。当时庇隆主义和激进主义以及其他政治力量代表都觉醒了，成立了阿根廷多党委员会。

基什内尔夫妇登在《南方舆论》报上的一张照片引起了这名律师出身的义务兵的注意。配图的这篇文章讲的是曾在拉普拉塔念书的这对庇隆主义年轻律师夫妇。伊卡苏里亚伽正在他每晚回去睡觉的城市中寻找政治家。

当多党委员会领导来到步兵团时，伊卡苏里亚伽认出了内斯托尔。这些领导是来支持里奥加耶戈斯部队的准将格雷罗的。他们支持马尔维纳斯一役，全国多党委员会也如是。有一张当时的照片，照的是基什内尔来访。这张照片被媒体错误地用来猜测基什内尔和格雷罗的关系，其实他和格雷罗除了这次接触外没有任何其他关系。格雷罗的副手是奥加耶戈斯部队的布林索尼准将。他属于部队中的魏地拉派。很多年之后他成了军队的领导，但是当基什内尔成为总统之后就让他退休了，取代他的是本迪尼准将。

伊卡苏里亚伽并没有在那张多党委员会的照片中出现，因为 1982 年，他还只是个小人物，只能站在闪光灯两米开外的地方，穿着义务兵的制服，手里拿着步枪。但无论怎样他也是那个时刻的见证者。到访的领导和党员认为七年以来第一次显示出军事独裁已经渗透到政治领域里了。很多人努力的方向不再是战争，而是寻求民主出路了。

胡安·多明戈·庇隆协会

佩佩·萨尔维尼是内斯托尔的高中同学，也参与了学生中心的创建。在这个时期他与内斯托尔在胡安·多明戈·庇隆协会再次重逢。这个协会是内斯托尔和克里斯蒂娜缔造的，旨在通过这样一个平台回归政治舞台。"我们总共有大约 30 名成员，都是独裁时期之前就加入的。"他明确道。1975 年的时候，萨尔维尼嗅到了危险便离开了拉普拉塔，然后在布宜诺斯艾利斯生活了几年。他回忆起他们那代人里的有些人后来成了"大企鹅"或者是基什内尔的"小桌"成员。❶

在一座有 7 万居民的城市中，有 30 个基层组织，3 个庇隆主义者团体以及相应的成员。酒吧里充斥着辩论、会议和一些活动，也有甜品和没完没了的咖啡。克里斯蒂娜已经为大家所熟识，不仅因为她的律师身份，也因为她的政治身份。在协会中，她开始在公开场合讲话。

从那时起，出现了一组领导人，他们的首要目的就是将影响范围扩大到全市。这一组领导人只有 15 名，但是内斯托尔有一张里奥加耶戈斯所有街区的工作图，这其实就是一张政治势力覆盖范围图。他们用这张图去扩大演讲范围。通过居住在不同街区的朋友或熟人，协会的成员组织烧烤或者聚会——有时因为范围太小就变成了单纯的聚会——很多时候出席的都是协会会员、提供聚会场所的房屋主人以及一些好奇的邻居，没有其他什么人了。他们也不寻求更多的人参加。内斯托尔头脑中，认

---

❶ 这两种叫法指的都是基什内尔的亲信。——译者注

为这是一项蚂蚁搬家式的工作，需要缓慢和持续地完成。

他们把协会变成了一个文化和政治的中心，不时请一些重要人物前来讲话，如荷西·玛利亚·洛萨和斯巴拉·密特雷。这种活动结束后他们会去酒吧继续聊，比如在尼布尔酒吧里，不同的桌子边坐着庇隆主义不同流派的集团成员。

协会的成员员有达涅尔·瓦利萨特、艾丽西亚·基什内尔、黑查韦斯、❶卡洛斯·撒尼尼和卡乔·瓦斯克斯。最后一人是内斯托尔及克里斯蒂娜的朋友，他们曾一起在1976年东方三博士节❷当天被捕，他也是内斯托尔和克里斯蒂娜在拉普拉塔婚礼的见证人，死于2008年，去世那天正好是科沃斯投反对票的那天。❸

对他们而言，只有庇隆主义才可以把有益于国家和人民的各个方面的力量组织起来。政治是思想与行动的结合：从一开始就指向政权的缔造。尽管仍需假以时日，但是内斯托尔已经获得了第一个成功——成为里奥加耶戈斯的市长。

他们把塞佩尔尼克视为省级政治领导，他曾经参加过反对洛佩斯·雷加的斗争并于马格达雷拉被捕。他们坐在内斯托尔的雪铁龙汽车里，从这边开到那边，跑遍街区，刷标语和组织周末的烧烤聚会。当1983年民主回归的时候，他们支持内斯托尔参加市长竞选。在党派内部的失败之后，他们并没有慌乱，内斯托尔一直在寻求建立一个政治势力范围。

现任国防部长阿图罗·普利赛义，当选为民主回归后的圣克鲁斯的第一任市长。在圣克鲁斯，除了庇隆流亡的那几年，庇隆主义一直都在选举中稳操胜券。当内斯托尔在内部的选举败北后，他们继续支持普利赛义参加竞选。

"当我们第一次败北时，同志们都哭了。"克里斯蒂娜说，"我们在

---

❶ 此处"黑"是绰号。——译者注
❷ 拉美地区以东方三博士节取代圣诞节，为每年的1月6日。——译者注
❸ 2008年7月16~17日凌晨，克里斯蒂娜提出了农业出口加税案，因副总统胡里奥·科沃斯投出了反对总统提案的一票，致使总统提出的税案没能通过。——译者注

第八章　南方

当地的阿尔高塔街。内斯托尔说'好吧，我们现在应该向胜利者打个招呼了'。他立刻激起了一片叫喊声。谁也不想去。我在那儿看着。内斯托尔抓起一面旗子，说：'如果没人去的话，我一个人去，但是应该去问候获胜者。'后来我们都去了，我们边走边哭，举着旗子去问候普利赛义的人。我们高唱着我们的口号进去了。他们为我们鼓掌。所以说，内斯托尔是我们的领袖。他一直都是。不论失败的时候还是胜利的时候，尤其是失败的时刻。"

萨尔维尼被任命为内务部书记，而内斯托尔是预算处的领导。他在省内的14个辖区中的每一个区都设立了分处，以此作为他开展政治阵线的平台。他把协会的会员安排进去。普利赛义把内斯托尔给辞退了。

于是，他们决定全力支持内斯托尔竞选市长。萨尔维尼回忆道：

"内斯托尔和克里斯蒂娜开始辛苦地工作，走了很多地方。我们很吃力，因为我们失败过一次。但是，他们两个总是有能力激励大家。在那次市长竞选运动中，我们让内斯托尔成功地当选了市长，然后克里斯蒂娜和其他几个我们的人当选为省级众议员。我记得内斯托尔没有使用他的照片。那是一次非常不同的竞选运动。"

"那是一次天才的竞选运动，"克里斯蒂娜评价，"为时一年。没用过内斯托尔的画像。我们用椭圆形的纸对折，上面写着'基什内尔'，下面写着'市长'。没有其他的了。我们这些人自己挨家挨户地去贴的这些传单。"

1988年，克里斯蒂娜戒烟了。艾丽西亚是第一个戒的。内斯托尔已经连着五年多一天至少抽3包烟。他的手指都熏黄了，喉咙也是嘶哑的。后来，有一次他说他一生中最后悔的一件事就是抽了这么多的烟。克里斯蒂娜回忆起那些年多明戈·卡瓦约❶和他的团队去圣克鲁斯签署协议的时候,是在奥比斯帕托受到接待的。在她脑海中有个鲜活的记忆,一个声音通过麦克风说道"请把烟熄灭",而此时此地内斯托尔这个省长正裹在一团烟雾里,一根接一根地抽着。

胡里奥·德·维多决定在1987年12月31日晚上12点戒烟,克里斯蒂娜备受影响。她觉得这是一个好主意,等到来年的同一时刻,她也成功地戒烟了。

1989年,她当选为省级众议员。关于这件事,她说在我们讨论的时候她都还没有决定是否再次参加竞选。

"我从来都不想当候选人,从来没有,不管是总统、参议员还是众议员。他们总是劝我。我们那时已经是圣克鲁斯胜利阵线了。我当时坚持在名称中加入'圣克鲁斯'一词。"她希望更具体化。那次,她拒绝成为胜利阵线的候选人代表。"不,不,他们要说我是市长的女人。"她重复道,"别来烦我了,当时所有的人都记得不久前有一部伊莎贝尔·萨尔利的电影,名字就叫《市长的女人》,你能相信吗?他们怎么能这么开我的玩笑……"

省长和众议员

1991年竞选落下帷幕,内斯托尔成为新的省长。萨尔维尼回忆说那是一个超现实主义色彩的落幕,2辆雷诺汽车12个人迷失在沙漠中,浑身裹满了火山灰。

在罗斯安提果斯的一场活动之后,他们出发了。从那里往下开了70公里的砾石路,在晚上8点到达佩里托莫雷诺,去参加另外一场活动。之后继续向匹克特龙卡多进发,他们要在那里过夜。但是途中路过拉斯艾拉斯的时候,人们警告他们智利的乌得孙火山进入喷发期了。他们当

---

❶ 多明戈·长瓦约(Domingo Cavauo),时任阿根廷经济部长。——译者注

时处在与他们来时的罗斯安提果斯的同一海拔上。

坐在雷诺车上的12个人继续向前开，驶往德塞阿多港，当时还是阳光和煦。但是很快，当他们在3号公路上行驶到距目的地只剩100多公里的时候，突然碰到了无法描述的场景。火山喷发了，还伴随着猛烈的雷暴和倾盆大雨，无数的火山喷发物被抛到空中。火红的火山灰形成的球体被喷到8 000米的高空，周围还有一圈巨大的球状乌云不停地在放电。狂风大作。

两辆车里的人们在3号公路上亲眼看到了白昼如何瞬间变成黑夜。他们被夹带着火山灰的疾风包裹着。100公里的路程开了5个小时。抵达德塞阿多港的时候，情况继续恶化。他们在那里停留了两天，困在一家宾馆的房间里，期望着大风能够减弱。大风把竞选运动中激进派的人也困在同一家宾馆里了。萨尔维尼讲述到：

"那两天只能我们自己或者和激进派的人一起玩扑克牌'摸三张'。我们还能干什么呢？就是玩'摸三张'，拿市议会议员或者众议员的头衔当赌注。住了两晚之后，到了第三天，太阳出来了。那些激进派们起得比我们早，先行离开了。我们也上路了，看到了奇怪的景象。但是我们并不确定发生了什么。开了没几公里裹着火山灰的大风又吹起来了。路上看到的情景永生难忘。我们互相走散了，两辆车分开了。前进非常困难，需要靠地上画的车道和交通标识来辨认方向。7个小时之后，我们抵达了卡雷塔奥利维亚。内斯托尔和瓦利萨特已经到了并且用直升机和小型飞机搜寻我们。后来我们获悉那些比我们先行离开的激进派在途中被一辆卡车撞了。"

1991年12月10日，内斯托尔·基什内尔当选为圣克鲁斯省长。这是内斯托尔让克里斯蒂娜一生中最为感动的政治成就。当他们1976年从拉普拉塔逃离的时候，他对她说将来要当省长。而此刻他兑现了当时看上去不可能实现的承诺。

克里斯蒂娜也因为她的口才成为一位引人注目的省众议员。她演讲时从来不看讲稿。她用大量的信息来构思自己的想法。伊卡苏里亚伽曾是庇隆主义者集团主席——他在开会时总是坐在克里斯蒂娜的旁边，他说内斯托尔和克里斯蒂娜对纪律的要求非常严格。每周四下午 2 点召开会议，上午 10 点准时召开集团会议。他们就所有议题展开讨论。克里斯蒂娜总是处理最为棘手的事务。"你给她一块砖头，她都能创造出奇迹。"他说。她永远既让人倾倒又让人抵触。

内斯托尔和克里斯蒂娜两人一起做大量的工作，任何时期曾与他们的生活有过交集的人都记得，这就像是两个人的标志、状态或者说是他们的政治风格。一个人如果没有做好牺牲自己业余时间的准备就没法和他们一起工作。他们没有闲暇时间，所以很多人都辞职了。

当这个国家的梅内姆主义者们在高尔夫球场和网球场❶搞政治的时候，当附庸者们和梅内姆的官员们进行任何体育比赛都故意输的时候，当奥利沃斯的官邸涌入越来越多的衣冠禽兽的时候，当视频政治成为一种新自由主义的传播方式的时候，在阿根廷的南方有一个小岛，在那里庇隆主义从未失败，庇隆主义的领导人们凭借政治组织的力量，去争取大多数人的支持。

内斯托尔和克里斯蒂娜不赞成这种政治态度。内斯托尔说他不能在觥筹交错中执政。作为一名省长，他开始学习经济学。他说财政盈余和贸易顺差是掌权的法门。他对自己的党员说，捍卫政治在经济面前的角色。但是只有那些领导真去学习、有能力去理解并且在自己的管理范围内掌控经济，才有可能实现。

内斯托尔讨厌许多执政者、市长和地方领导。他把省内的镇子逐一跑遍，总是不确定他们是否理解了他们本应理解的东西。他想展开更多的讨论话题，但常不能如愿。只有当那些领导者真的准备好了，才能展开他想要的讨论。

---

❶ 在拉美这两种体育活动是富人的运动。——译者注

第八章 南方

内斯托尔的人围在小桌旁展开激烈讨论,天天如此。内斯托尔 11 点准时从政府大楼里出来前往圣克鲁斯酒店,在那里等着他的是撒尼尼、伊卡苏里亚伽,有时候也有克里斯蒂娜。因为烟瘾大,内斯托尔的手指头都熏黄了,他被亲昵地叫做"讨厌鬼"。不仅是因为在讨论时他常常开的玩笑,也因为他的疑问总被要求立刻回答:他经常清晨打来电话,如果事情没按照他的预想运行,他就会大喊大叫,他这个特点开始为人所熟知。

在办公室、家里或者清晨的咖啡时间,他无时无刻不在用他的 Bic 笔在本子上做笔记,计划着他的宪法改革以便再次当选为省长,并逐渐形成一些计划。他有走出圣克鲁斯省的政治抱负,尽管在梅内姆的第一个任期和宪法改革的过程中实现这个梦想还有困难。

克里斯蒂娜这边,她对于自己的每一项工作都了若指掌。她不喜欢概述,甚至十分讨厌它。她说,阅读概述性的东西会让人愚笨。她总是要求有更多的资料来供她阅读,非常多的资料。她的顾问们给她准备的资料总是太少了。她总是喜欢在争论中获胜,这就得获得更多的关于对手的信息。克里斯蒂娜和内斯托尔都会为了不断地履行他们的义务,而取消家庭晚餐、业余时间和周末休息。

当基什内尔成为一个负债省份——学校没有粉笔、医院缺少纱布——的执政者后,他干的第一件事就是颁布了一条不受欢迎的法令,309 号法令,人们因此降薪 10% ~ 15%。这是他作出的第一项不仅惠及当任任期并惠及下任任期的决定。"我们应该开诚布公地说明情况,而不是每天为我们不能做到的事情和人们吵来吵去。要么被大家理解,要么就下台。"这是内斯托尔的信条。6 个月内就完成了 5 次分期付款,那是以前为恢复省经济的一笔贷款。人们对他的支持度达到了 70%。再加上他挣到的利息,可以让他的省份多缴纳一次分期付款。

与此同时,国家是由另一个庇隆主义者管理的,他承诺要解放生产力结果却毁了国家的产业。他的政策令他陷入了新一轮的声望危机,最终人们涌上大街要求他下台。

那个时候内斯托尔就用一个大的素描本记录数字，并亲自算账。他在一生中都是这么做的，包括后来在玫瑰宫的时候。很多这样的本子上都用圆珠笔写满了数字和日期。在其中一个本子上用他的 Bic 笔勾勒出了圣克鲁斯应该以怎样的方式去做萨尔塔省已经做到的：向国家抗议，应该为使用他们的石油和天然气资源而作出相应补偿，萨尔塔通过法律途径申诉并且成功了。9 个省都获得了钱款补偿。但是内斯托尔是其中唯一没有动用这笔钱的执政者，他要把这笔钱留着，作为反周期性危机的基金。6.3 亿美元没有像其他省份那样花费出去，这在很多年里都是大家谈论的一个话题。

很多年后，当内斯托尔进入玫瑰宫后，有一次他向乌戈·莫亚诺讲解他还债计划时，也是拿着刚才说到的那样一个本子。莫亚诺对他说："好的。加油！小伙子，我们支持你。"但是，谁能想到把阿根廷同国际货币基金组织的麻烦堆里揪出来的这些办法不是出自一个高学历的经济学家的论文，而是出自一个"企鹅"执政者乱写乱画的素描本？

内斯托尔当省长时，克里斯蒂娜是其法律和技术部的秘书长。当他们的孩子一天天长大，他们也三十出头了，在圣克鲁斯他们的支持率很高——有时候有激烈的抵抗，甚至在庇隆主义内部。他们有一个对手：拉斐尔·弗洛雷斯，一名大学生民族革命联盟的前成员。当整个国家喧嚣着走向衰落，在这个大风不断的广袤岛屿上，一家一户安静地生活着，与外界隔绝也不显山露水。

新庇隆主义出现了，领头人是安东尼奥·卡菲耶罗，内斯托尔和克里斯蒂娜也加入其中。普利赛义和弗洛雷斯等省内重要的庇隆主义领导人都参与进来了。唯一支持梅内姆的是里卡尔多·德尔·瓦尔，他也是内斯托尔之前的一任省长。1989 年之前，他们与卡菲耶罗一起在内部阵营反对梅内姆，但是失利了。

在那些年里，关于留下来还是脱离党组织成为一场激烈的论战。内斯托尔和克里斯蒂娜与一个由一些国家领导人组成的重要党内派别持有很多相同的观点，这个部门后来脱离了党组织。察丘·阿尔瓦雷斯是第一场横向发展运动的代表人物，与此同时内斯托尔和克里斯蒂娜与另一个派别发展成为卡拉法特集团。卡乔、内斯托尔和克里斯蒂娜像以往一样，坚持把斗争局限在庇隆主义内部。"我不会把政党拱手相送的。"克里斯蒂娜说。

"内斯托尔总是要制止卡瓦约，"萨尔维尼说，"那些年，针对各省的税收条款非常可怕。我们推迟了给学校和医院的拨款。国家资金迟迟没有到位。卡瓦约来了，说这是'管不了的省份'。YPF❶的私有化使几千人失去了工作，还抢走了我们的自然资源。每个月给人开工资成了一项挑战。内斯托尔推动了关于'免税区'的大讨论。他提出一些位置偏远的和有其他不利条件的省份应该得到补偿。如果没有税收上的优惠政策，谁会来圣克鲁斯投资呢？但是梅内姆主义者因为内斯托尔的反抗而对他进行'复仇'。我们有法律支持，但是他们否决了，对'免税区'这一提议投反对票。这如同把唯一的发展机会给掐掉了。和梅内姆政府之间的冲突愈演愈烈。在一次有 3 000 人参加的北方公园大会上，内斯托尔要求发言。我们当时是 7 个人。内斯托尔发表了令人激动的演讲，反对现有模式、反对新自由主义政治。掌声如潮。但是，后来梅内姆到场了。于是大会的总书记罗伦索·佩佩说：'现在让我们的总统同志发言，为我们的大会落下帷幕'。"内斯托尔坚持要再讲话，没有人能拒绝他。于是内斯托尔又开始发言："总统先生，我不是虚伪的人，所以我要再重申一遍您到来前十分钟我所说过的话，我希望告诉您我的所思所想"，他就又开始批评现有模式。随后，会议要对国家政府举行的一次游行投赞成票。他们说这是为了保持'一致性'，内斯托尔举起手，他说：'为了保持一致性，那我就弃权了'。"

---

❶ 一家大型石油公司。——译者注

克里斯蒂娜坐在与会者当中。她是陪同内斯托尔前去的 7 人中的一人。当听到内斯托尔在梅内姆面前批评新自由主义模式时,当她看到内斯托尔独自并勇敢地站在人群当中时,她高声喊着:

"这就是我嫁的那个男人!"

第九章 母　　性

　　马克西莫·基什内尔出生于1977年2月16日，距离克里斯蒂娜24岁生日只差3天。他降生时，内斯托尔没有陪伴左右。马克西莫出生在拉普拉塔，当时他的父亲在圣克鲁斯。我对此表现得很吃惊，我之前读过一些零散的东西，我对她说我以为你们两个是一起去待产的，克里斯蒂娜断然地打断我：

　　"不，不，不。他在1977年去拉普拉塔？！在1977年的时候？！他比我更知名，所以风险更大。无论如何都不能去的。我做了两次母亲，两次非常不同。生马克西莫那次，我在拉普拉塔，非常害怕。我在那里有自己的慈善事业，但是内斯托尔不能和我一起来。当然，不是因为他不想。这个决定对于我们两人而言都很艰难。"

　　丈夫本应在而没在所带来的害怕与孤独深深地扎根在她的脑海里。因为克里斯蒂娜停止了讲述，有几个瞬间在记忆中搜寻那时的影像，当她再次开口时，声音更加富有感情了。我略微向她倾斜，为了把她的脸看得更清楚。经过等待，我终于可以看到这种时刻的她了。有几个瞬间我觉得她会告诉我一些相关的事情，因为如她所说，放松在"自己的世界"里，在这里会浮现出一些痛苦的回忆，比如现在。她没有看着我，而是看向一边，但是眼神并没有聚焦在我们周围的任何物体上。她描述着马克西莫出生时的情景。

　　"我在1月底回到了拉普拉塔，预产期非常近了。我想一直等到最后的时刻。我住在我妈妈的家里，不出门。我爸爸来找我，把我带去看医生然后再带回家。马克西莫出生的那晚,雨非常大。后来我用了三次力,把他生下来了。但是,我是多么害怕啊,上帝,太害怕了。我的腿直抖。我一直特别害怕身体的疼痛,还有产后恢复……爸爸对我说'克里斯蒂娜,你是生了个孩子,不是被卡车压了。'"

她笑自己的担忧。她对自己生产经历的回忆直白而不甜美,但我却进一步进入了基什内尔的家庭世界。他们有争吵,但是爱着彼此,有酸楚的时刻但也不造作。我已经听过十多个女人讲述她们的生产过程和她们与孩子在一起的最初日子,克里斯蒂娜讲的不是这些。她的讲述很幽默,有时候甚至是黑色幽默。

"我还记得脐带的事。我觉得太恶心了。当我们回到妈妈的家里时,我的妹妹席塞乐负责给马克西莫换尿布,我一点也不想知道这些事儿。我说,'如果我换尿布的时候赶上了脐带脱落,我非死了不可。'因为要处理脐带还有其他所有的事情,太麻烦了,我可受不了。我因为他而感到害怕,害怕自己把事情搞砸。一天我妹妹去体育场了,我确信如果我来给他换尿布的话,脐带肯定会掉的。那天下午,当我给他换的时候,我特别慢地、特别慢地动作,几乎都没沾着肚脐。说什么来什么:当我妹妹回来的时候,她又给换了一遍,这时脐带脱落了。席塞乐至今还保留着马克西莫的脐带。"

达涅尔·菲尔姆斯曾为制作《拉美总统》这一系列节目时,采访过克里斯蒂娜。他告诉我,有关这部分有些原始的谈话材料非常有意思,但是因为他觉得这些材料太私密了,所以就没编辑到节目中去。"她告诉我生产时的身体疼痛让她非常害怕",他对我说,他觉得很吃惊一个女人会讲这些。那些极致的女性话题非常吸引我,我们人生中那些零散的回忆都带着深深的"不得不为"的责任烙印。现在,面对着克里斯蒂娜,她在聊到这个话题的尾声时没有选择结束,而是又展开了,我理解,这是她在向自己提问。

第九章　母性

当说到她对身体疼痛的害怕时，她用了"显著的"、"奇怪的"和"遗传的"这三个形容词，她认为这是一种"平衡的砝码"。因为克里斯蒂娜很有能力，她说，自己可以承受很大的精神压力，性格强硬，知道如何在逆境中搏击，并把逆境转化为动力，却不能忍受身体的疼痛。在她的一生中，很多人都吃惊于她身处困境时强大的内心，年复一年在议会中听到别人对她的辱骂、谎言和蠢话，她却履险境如平地，但是在她生命中的另外一些时刻，横亘着对疼痛的恐惧，如孩子的出生。

"我已经习惯于在极端压力的情况下保持冷静，"她用低沉而又有控制的嗓音一字一顿地说道，"我忍受精神压力的阈值非常高，而身体的痛点又非常低。现在，失去了内斯托尔之后，更是如此。他是那种一点就着的脾气。自从他去世后，我的心理承受力更强了。他们希望我会失去理智，但是大概会落空的。虽然现在我没有内斯托尔来帮助平衡了，因为以前，我们总是在一个人失去理智时，另一个来克制。现在，我不得不自己面对了。但现在很少有事情能影响我，相比之下很多事都不算事了。"

在几天前她觉察到了这一点，那是在里奥加耶戈斯，她去出席一个俱乐部的开业仪式。她很多年前就来过这个地方，她回忆道，当时是一种非常暴力的政治情境，她曾参与过几次，再也不想卷入类似的情况了。内斯托尔·基什内尔和阿图罗·普利赛义在正义党内的各种流派打架，他们的女人也一样。在这个俱乐部里召开了一次大会，克里斯蒂娜在大会上发言。她头发很长，梳成马尾的样式。普利赛义的人直接抓住她的头发，引发了一片叫声，人们互相推搡，撕扯头发。另一条内部阵营的主要领导人是普利赛义的第一任夫人，丽塔·莫利纳，她现在是诺布雷·埃雷拉案件的检察官。

1984年克里斯蒂娜又怀孕了，但是流产了。不久前她介绍反香烟法的时候，公开谈论过这件事。

"当我再次怀孕的时候，我戒烟了，就像我怀马克西莫的时候一样。但是，有先兆流产，于是遵医嘱静卧。我的胎盘有问题，但是我也不十分清楚是怎么回事。当内斯托尔出差的时候，我病得更厉害了。他经常出差因为那时已经设立了预算处的分处。当这个孩子自然流产的时候，已经六个月了。太可怕了。那天他出门的时候，我躺在床上，他向我吻别。'你感觉怎么样？'他问我。'嗯，嗯，我挺好的。你放心工作去吧！'我对他说。一个小时之后，我开始流血。我起床想去卫生间，哎呀，太恐怖了，连我的敌人都不会希望发生这样的事。当我站起来的时候，感觉有些果冻样的东西脱落了，全是血，我开始叫喊起来。之后我住了三天医院。为了保胎，他们给我输液，但是只要一停，我就又开始流血。我感到剧烈的疼痛。有一刻，医生们决定不再给我输液了，因为对我有风险。孩子保不住了。那时我的病情已经十分严重，很棘手。如果这种情况发生在现在，就会有办法了。前一段时间，我去了圣伊西德罗医院的新生儿病房，看见了小小的婴儿，有的只有600克，我就想起了我的宝贝。我对医生说起了我曾经的状况，他带我看了病房，告诉我如果现在发生类似的情况，是有可能挽救的。我却不是在此刻和此地。我对流产的态度和我的经历以及身为单亲母亲的女儿都有关系。一个人立场的形成是和他的经历密不可分的。这次流产非常触动我。我不赞同流产，但我没说我就有道理。我只是说出我的想法和感受。我很反感有的人在任何讨论中都要把自己的观点强加给别人。尤其是那些和意识有关的话题。如果有人说地球是方的，不，很明显不是。但是涉及很个人感受的话题……我认为不应该有成见，因为成见令人偏听偏信。强制赋予别人统一的观点，那就是一种集权主义态度。我拒绝所有试图消灭别人观点的人。因为，这样就没人跟你交流了。就算你的对手再强大，也最好是有个对手。"

1990年7月6日，弗洛伦西亚出生在圣克鲁斯。那时内斯托尔是市长，克里斯蒂娜37岁，她像第一次生产一样害怕。她很担忧自己的年纪和孩子的健康。但是害怕并没有打乱她繁忙的工作节奏。那时她是省众议员。剖腹产的前一天晚上她一直在办公室待到 12 点。然后大家一起去餐馆吃饭,凌晨 2 点才躺下休息。没几个小时之后便生下了弗洛伦西亚。

"我和另外一名女议员特雷萨·索托待到很晚,"她说,"我们在凌晨的时候互相告别,当几个小时之后,他们来医院看我的时候,我还记得特雷萨吃惊的表情。因为我不仅已经生下了女儿而且化了妆,头上系了一个白色的发饰。孩子顺利降生。尽管那个晚上,我经历了好几次可怕的疼痛。剖腹产后不应该说话,可是我天生就爱说……我和特雷萨一直不停地说,说了整整一下午。"

弗洛伦西亚差不多一岁半的时候,她的父母住进了省长官邸。克里斯蒂娜的妹妹席塞乐说她的外甥女是"幸福的宝贝"。

"弗洛伦西亚长得很快。这个小公主。而马克西莫呢,是个老给你压力的小家伙,他老是呕吐。"她突然说道。

"故意呕吐吗?"

"是的,就是那样,"她嘎嘎大笑道,"那时候的马克西莫特别会操纵人。你知道他干什么吗?当他生气的时候,他在肚子上用劲,从底下那儿,红着脸,然后'哇',"她做了发射的一个动作,"像水管一样喷出来,很恶心的。"她继续说。我想他知道我会写出来,然后马克西莫会读到这些,他会很享受看到这些席塞乐的抱怨的。这种坦白是一种家庭成员间的玩笑,他们就是这样相互对待的——互相开玩笑。刚刚马克西莫还打电话提醒她要讲实话。她这会儿就来"报仇"了:"当他长大一些后,他戴眼镜来矫正斜视。当他生气的时候,他就把眼镜摔在地上然后用脚踩。他应该已经弄坏了三四十副眼镜。"

"啊,好难对付的男孩子。"

"非常难对付。现在,当瑞兴(Racing)球队输球的时候,他也会很生气。但是现在他已经不摔遥控器了。"她又高兴地笑起来。

克里斯蒂娜说他们和婆婆以及大姑姐一起生活,过着大家庭的日子,孩子们总是围在身边。所有她和他不需要忙政治的时候，就会陪着孩子们。同样也会因为常常不能和孩子们在一起，出于补偿的心理，会"令人发指般地溺爱他们"。她谈到了内斯托尔与弗洛伦西亚之间的爱和纽带。

"内斯托尔非常爱这两个孩子，非常强烈地。内斯托尔很尊重马克西莫，也喜欢和他交流。他对儿子的意见感兴趣，也把这些意见当回事。和弗洛伦西亚呢……他总希望女儿更爱他，不是吗？我对他说，'内斯托尔，你的女儿爱你是重要的，但是别人也爱你的女儿同样是重要的。如果你太骄纵她，最后只剩我们两个人爱她了'。但是，对他而言……只要弗洛伦西亚做的他就觉得好。"

内斯托尔最后一次见到他的女儿是在纽约。弗洛伦西亚居住在那里并学习电影，很多照片是那个时候照的。在她父亲执政时期，弗洛伦西亚身处舆论漩涡，她在社交网站上的照片也一下子火了。后来她行事低调，和她的哥哥一样，选择继续在南方生活并且避免在公众面前曝光。

弗洛伦西亚离开祖国去学习她喜欢的专业，同时也能保持一种正常人的生活。但是克里斯蒂娜说，内斯托尔与女儿最后一面的那次旅行中，他"做了奇怪的事情"，说完这句话她停顿了一下，我想她觉得这是一些不祥的征兆。

在纽约，内斯托尔让人给他录像，这很奇怪。他叫来专门的总统摄影师，来拍摄他和弗洛伦西亚在纽约散步的情景。没人能相信，因为他以前厌恶别人给他拍照或者摄像。

"他很担心弗洛伦西亚。这次我们两个给她施加了压力，我们坚持要她回国。内斯托尔对她说'回来和我们在一起'，但是她说'不'。然后他对我说'不管怎样我得把她带回来'，然后我们就激烈地吵起来。如果她想留在那里，是她的决定。她还是留在那里了，这很不好，内斯托尔是有道理的，他觉得不好。每天弗洛伦西亚都去看他，他会把她送到四季酒店的大门口，然后留在那里看着她离开并挥手道别。他对他的女儿非常敏感。做了一些如此奇怪的事情……当她在纽约的时候,我们把她掖着藏着,不想让外界打搅她。但是他干了什么?他把她带去和随从们一起吃饭,这下好了,全都泡汤了。长枪短炮全来了,照片立刻就传出去了。我非常生气……冲他大喊。他呢,通常这种情况他会对我嚷嚷,但是这回他竟然没有。他请求我的原谅,觉得很后悔让女儿曝光了。那是他的女儿啊。那是他最后一次见到她。后来女儿对我说,当我打电话告诉她父亲去世的噩耗时,她从来没有过那么不好的感觉。"

这几个月弗洛伦西亚很让她的母亲吃惊。她说的话让克里斯蒂娜觉得她很有洞察力。"你知道你和爸爸有什么不同吗?爸爸从来不允许自己分心。"她说,克里斯蒂娜听了之后在脑海中不断回响,仿佛她才看明白了这个她以前没能总结出来的事实。内斯托尔做事总是很执拗,一定要把事情弄个水落石出。克里斯蒂娜则会因为同时干好几件事情而头昏脑涨。

"一场动员活动结束后,我去办公室开会,然后回家,给家具调换一下位置,或者看看家里是不是缺鲜花了。谈论的话题从政治聊到学校。我们女人就是这样,总得有人去做吧。他不是。有时候我对他说他让我想起爱因斯坦,因为我读到过爱因斯坦有十套一模一样的西服,就是为了不在穿着上分神。内斯托尔就是这样。让他在关心的问题上分心的话,他会觉得很烦,"她笑着说,"而且如果你让他烦了,他就会毫不犹豫地告诉你。"

当谈到她的孩子们的时候,她就不仅仅是一个寡妇了,在她内心深处有一种深不可测的丧夫之痛:她是失去了爸爸的孩子们的妈妈。这种痛楚会在家人之间相互传染并且递增,如鞭笞一般。她语调低沉,语速缓慢。她说,自从父亲去世以后,弗洛伦西亚在她的面前总是很坚强和自制,就像她爸爸活着时总形容的那样。"他比我对女儿的感知更多,也更懂得女儿。她的很多方面是我现在才发现的。就如同我现在才看到她爸爸眼中的她。"

第十章　姑姐与弟媳

克里斯蒂娜确信如果没有她的婆婆玛利亚·奥斯托伊科和姑姐艾丽西亚的帮助，她无法把孩子们抚养成人。这两个女人是她生命中的情感支柱。此外，艾丽西亚也肯定她的妈妈在那些年中是他们得以投身政治的保证，日日为他们操心日常生活。艾丽西亚的女儿们——罗米娜和娜塔莉亚——如同马克西莫的亲姐妹一般，他们一起在玛利亚的家中成长，同进餐、同玩耍、同安寝。当弗洛伦西亚出生的时候，那三个孩子已经长大了，艾丽西亚回忆她的出生是"莫大的幸福"。

艾丽西亚与克里斯蒂娜在最近的 35 年里，不仅是同一家庭的成员，也是同一政治组织的同伴。她们从 1980 年起就在胡安·多明戈·庇隆协会内从事政治工作，为了事业和自己个人生活的推进，她们过着大家族式的生活，这个大家族的中心是内斯托尔和艾丽西亚的妈妈。克里斯蒂娜和艾丽西亚总是能够互相理解。

在克里斯蒂娜的任期里，尽管她二人的关系密切，但是我还不甚了解，以为不过是姑嫂关系——而不是朋友、同志甚至闺中密友——但是宣誓时新任总统❶给社会发展部部长❷的拥抱让我觉察到她们的亲密关系。

在这个拥抱之前，克里斯蒂娜一直都保持着庄重的姿态。她身穿白色的蕾丝套装，总统绶带斜跨胸前，光芒四射。她刚刚发表完就职演说，

---

❶ 克里斯蒂娜。——译者注
❷ 艾丽西亚。——译者注

第十章　姑姐与弟媳

和她后来做过的所有演讲一样，她不看稿子，眼睛从会场这边扫到那边。在座的人们都了解她，这么多年以来，她无论当代表还是议员的时候，在大会上都是这样发言的。她的这种在公开场合演讲时组织思想和语言的禀赋，那天在公众面前表现得淋漓尽致，很多给她投票的普通民众也都看到了。

当她抵达玫瑰宫的布兰科大厅时，在整场仪式中她的眼神一直很感动，她的眉头微蹙，忍着眼泪，当内斯托尔将要把权杖交给她时开了个玩笑，她都没有笑。但是在这场仪式中，她初任总统，一直保持着持重的样子，但是当她拥抱艾丽西亚的时候，情感终于决堤了。

平时她们都不允许自己情感外露，也都不是在公众面前表现私人情感的人。但是在这个拥抱中克里斯蒂娜把头靠在艾丽西亚的肩膀上，那是她在仪式中唯一哭泣的时刻。

当初，对克里斯蒂娜来说，艾丽西亚是她进入内斯托尔家族的领路人。内斯托尔在认识克里斯蒂娜几个月之后，给自己的姐姐打了个电话。那时艾丽西亚已经在拉普拉塔读完社会工作系，毕业于1970年，住在里奥加耶戈斯。

那通电话是紧张也是快乐的。内斯托尔告诉她，他谈恋爱了，想结婚。

艾丽西亚已经成家了。她的女儿娜塔莉亚还是个婴儿。但是她一直和弟弟保持着亲密而强韧的联系。她事无巨细地支持着他。他们不仅在政治上、在家庭生活中和在一些重要的事务上都相互理解，这种相互间的理解穿越时间，如影随形。内斯托尔去世后艾丽西亚第一次公开讲述她的弟弟时，她说她的第一双高跟鞋是内斯托尔用自己的零花钱给她买的，那双鞋是她年少时一直想要而父母没有及时买给她的。

那天下午，内斯托尔从拉普拉塔打来电话，艾丽西亚觉得是在邀请她去认识一下那个他爱上并想赶快娶回家的女孩。或者更具体地说，那个电话意味着家庭的新发展。所以,她带着她小小的女儿就来到了拉普拉塔。

基什内尔家的人总是很有家庭感,一直都是这样。"他把她带来向我介绍",艾丽西亚说,这就是她们两人的初次相遇。她还记得这次见面是在一家拉普拉塔的餐厅,当时克里斯蒂娜穿着"非常非常漂亮的衬衫,袖子上还镶着荷叶边"。

她也记得晚餐时,她那还不会走路的宝贝哭了很多次。她和克里斯蒂娜一起逗孩子,直到宝贝睡着,之后他们才开始交谈,一直谈到了凌晨。

"她那时是个又瘦又漂亮,还很健谈的女孩。我们两个很投缘。"艾丽西亚一边笑着说话,一边喝了一口香甜的拉格利玛,那时她在社会发展部。"这很特别",她说,她所管辖的部委的地理位置和建筑物在过去、现在和将来都可以解读为代表着阿根廷的社会发展。社会发展部非常醒目,在7月9日大街上,一眼就能看见,曾在20世纪90年代差点被拆毁。这个部也是最为杂乱的,像一所公立医院,有各种紧急情况也有从全国各地涌来的人,他们在走廊中等待着或者堵在大门口。

当内斯托尔任命艾丽西亚担任这个职位时,立刻在媒体上引来一片"任人唯亲"的声音。但是艾丽西亚的背景经历使得他们噤了声。不仅她的学习背景专门对应这个领域,而且在圣克鲁斯已经多年都是政绩斐然。她除了是内斯托尔的姐姐、克里斯蒂娜的大姑子,她也是胡安·多明戈·庇隆协会的成员。

艾丽西亚有一些粗,也不太讲究礼节。她不事修饰,不像很多政客那样有顾问帮着打理。她不一样。她非常勤勉,心心念念的是社会发展的进程,她知道她那些项目中受益的普通民众的名字、长相,甚至也和他们有联络。她和内斯托尔非常相像,是个简朴刻苦的人,和克里斯蒂娜的形象相去甚远。但是这两个人之间总有很强烈的联系纽带。她们两个都深深地爱着内斯托尔。

第十章 姑姐与弟媳

当她刚认识克里斯蒂娜的时候她就有预感,她们会很投缘。相识时,她就有预感。当时艾丽西亚很肯定她的弟弟遇见了适合的女人。几乎是一目了然的事。看到他们在一起,他们如何交谈,如何打断对方,感受到他们彼此间的舒适感,在短短几个月内就找到了相处的方式。这个女孩是个"妙人",而她的弟弟深陷爱河。

艾丽西亚回到里奥加耶戈斯,马上做了一件事,这件事必须由她来做,这件事也是内斯托尔让她来拉普拉塔的目的——禀告自己的父母并让他们接受内斯托尔和克里斯蒂娜马上就要结婚的事实。她去了父母的家,他们正在家里等消息。艾丽西亚简短地说:"她是理想中的女孩。"她对他们说。

于是,他们就同意了。

内斯托尔和克里斯蒂娜的婚礼,是爸爸妈妈旅行过去参加的。他们要去认识的女孩马上就是他们的儿媳妇了。时间过得很快,没有人怀有疑问:1974年5月9日,在克里斯蒂娜姨妈的贝尔城的家中,双方父母有一点不安地参加了他们儿女的婚礼。当艾丽西亚和内斯托尔的亲友们回到了里奥加耶戈斯,他们评论说所有的事情都很"漂亮",他们对于内斯托尔的决定感到很幸福。

1976年政变之后,克里斯蒂娜夫妇来到了南方。他们的第一个住处是艾丽西亚和内斯托尔父母的房子。现在他们的母亲仍然住在这里。这是一所大而简朴的房子,布局宽敞,最令人高兴的是房子四周环绕着庭院。红醋栗、垂柳和接骨木遍布其中。内斯托尔和艾丽西亚在这里度过了童年,奶奶常常给他们喝好喝的接骨木汁。

不久以后,内斯托尔和克里斯蒂娜搬到两个街区之外的地方,在5月25日大街的125号,那是一幢"有历史的"房子里,就像别人对他们说的,是一个门把手和建筑材料都有殖民色彩的房子。那所房子属于内斯托尔的父亲,他们在里面住了很多年。在这所房子的前半部分,他们设立了一个律师事务所。现在艾丽西亚住在这里。生活就是这样兜兜转转，山水轮流。

克里斯蒂娜和内斯托尔在落户南方的最初几年里，艾丽西亚是他们生活兴旺起来的见证者，在那个艰难的时代他们很快有了儿子马克西莫。家庭生活是避风港，克里斯蒂娜很快就适应了那里的生活，她甚至可以把婆婆的炖菜学得惟妙惟肖，那是一种连艾丽西亚都不会做的菜肴，用料主要是肉和切得细碎的蔬菜。这是一种接近婆婆的方式——模仿她、向她学习。

她的另一个拿手菜是维特尔多内，❶ 在各种节日上不可或缺。基什内尔姐弟总在一起过节。艾丽西亚在年底烤肉的时候会来帮忙。圣诞节的餐桌上总是少不了火鸡、沙拉还有克里斯蒂娜的维特尔多内。在节日里，有很多小孩和圣诞树，还有丰盛的宴席。马克西莫每次看到卡洛斯·马严斯装扮的圣诞老人都会吓得哭起来。卡洛斯是内斯托尔的表兄弟。内斯托尔死后的两周，他也去世了。每次卡洛斯扮演的圣诞老人靠近的时候马克西莫就会转过身来说"只要礼物"，然后就让他走开。

当克里斯蒂娜不得不离开拉普拉塔的时候，她还需要完成3门课才能从法律系毕业。她是她和内斯托尔开的律师事务所的代理人。她得经常出入几个街区之外的一所法院。艾丽西亚就教她开父亲的那辆老雪铁龙，那辆车他们大家都开。没多久克里斯蒂娜倒车的时候就把一个路灯撞倒了。内斯托尔对艾丽西亚说："你怎么想起来教她开车呢？"

这些年来，家庭生活是政治生活的支柱和栖息地。艾丽西亚对待政治的严肃态度和内斯托尔、克里斯蒂娜一样。"这是他们两人之间的承诺，他们之间是这么承诺的也是这么想的。"她说。她这样说因为她也过着同样的生活，她知道一个人既是政客又是母亲的时候，是如何试图

---

❶ Vitel toné，一种阿根廷菜肴，小牛肉佐以吞拿鱼酱汁，搭配火鸡、猪肉和面包。——译者注

第十章　姑姐与弟媳

在时间上去弥补因为投身政治而被迫减少的家庭生活的。艾丽西亚认为南方的生活习惯帮助了她们，因为在克里斯蒂娜和她抚养孩子的那些年里，家里人总是在一起吃午饭。他们的家庭生活平平常常，空闲时间喜欢和家人在一起，生活得很和谐，这要得益于内斯托尔和艾丽西亚的父母总是为他们着想。

比如，他们从来不问为什么这么快就结婚，也不问其他的问题，他们知道应该怎么做可以保护这些年轻人。家里遇到过两次搜查，妈妈玛利亚·奥斯托伊科负责对付。"妈妈让我把我的书都销毁了。因为不知道哪一本会累及他人，所以就都烧了。"她说。

艾丽西亚不记得克里斯蒂娜曾费力去适应南方的气候。她摇着头否认了。"不，她爱里奥加耶戈斯，在这里过得也很幸福。"她肯定道。有几年艾丽西亚住在里奥图尔比奥，距离里奥加耶戈斯380公里。他们的律师事务所以艾丽西亚的家为总部，处理里奥图尔比奥的案子。

1981年，艾丽西亚决定回到里奥加耶戈斯生活，因为胡安·多明戈·庇隆协会正在创建，而她想和内斯托尔、克里斯蒂娜一起重返政坛。内斯托尔的母亲再次成为家庭的支柱，她在艾丽西亚和克里斯蒂娜因为工作或者协会的事情不能料理家务时代替她们。这一年内斯托尔的父亲去世了，家庭遭遇了变故，内斯托尔有了新的责任。

"我们总是在一起，走到哪儿都在一起，"艾丽西亚说，"和孩子们还有妈妈。内斯托尔也总是伴我左右。对他而言平衡工作和家庭毫不费力，他自然而然地就可以做到，我们也这样。因为我们的生活就是这样运作的，我们喜欢分享。我们相互保护、相互帮助。当协会开始运行的时候，选址在阿尔科尔塔大街。那时我们人很少，也就是……十五六个人吧？我们把很多布宜诺斯艾利斯的同志带来交流。社会政治是协会的议题。当聚集了五六十人的时候，我们就特别高兴。我们兴致高涨。"她肯定道。因为她是一个谨慎而有分寸的人，所以我想她有不同的热情方式。她不是那种热情四射的人，因为内向和谨慎的性格使她看起来性情冷淡。但是她不是这样的。她的"企鹅"式的热情和任何一个人是一样的，只不过只在逆境时展现并且会把热情投入到繁重的工作中去。

那个时期，协会成员频繁出入的地方有埃尔帕兰克餐厅、尼布尔咖啡厅和卡拉维耶酒吧。后者是他们最常去的地方。这个酒吧有两层，协会成员总是聚在上面那层。当内斯托尔荣任市长的时候，他们就是在这里庆祝的。他们得知内斯托尔竞选成功是因为激进派的候选人罗伯特·洛佩斯，他走向内斯托尔向他致意。那时既没有完善的组织也没有办公电脑，但是他仍然以领先111票的优势赢得选举。

1987年的那天，当艾丽西亚看到洛佩斯到来的时候，她紧张极了。她当时正不停地围着街区打转，因为如果她走进律师事务所，她会焦虑而死的。她钻到汽车里和一个女邻居在一起，在街区里转悠，直到转到某一圈的时候，她看见洛佩斯走进了律师事务所，于是她就知道结果到底怎样了。

不可思议地，他们赢得了选举。这是所有的那最初15个成员的胜利。克里斯蒂娜、艾丽西亚、卡洛斯·撒尼尼和李提·蒙德罗是竞选的策划者。艾丽西亚和克里斯蒂娜在布宜诺斯艾利斯做竞选工作，其他人在里奥加耶戈斯配合她们。"我们当时完全是不矫揉造作的。"艾丽西亚说。她随后解释用"不矫揉造作"这个词是因为，参加竞选工作的人都是他们协会自己的人，没有其他人。只有从事政治的人才能做得好这类事情。简单说来，我们不像国外那些竞选，他们把候选人当做一件商品一样包装起来。

当艾丽西亚谈到她的弟媳时，因为对她而言克里斯蒂娜是一个过于亲近的人，反而说不出来她是一个什么样的人了。她们是两个非常不一样的女人，但是这些年以来，又有着很多的共同点。她们之间的关系一直很平稳，内斯托尔也从来不插入其中。她们总是相互理解。

"当弗洛伦西亚出生的时候，全家感到莫大的幸福，"艾丽西亚说，

第十章　姑姐与弟媳

"很久之后才又有了一个孩子。太幸运了。几年之后，当克里斯蒂娜成为国家众议员的时候，她每周二到周五得去布宜诺斯艾利斯。我很羡慕她……很多次她都带着弗洛伦西亚。你试想一下，一个议员带着一个小宝贝。当她把女儿留在家里时，是我妈妈照顾她，我看得出克里斯蒂娜内心很纠结。你看我们女人内心是很纠结的。这是一种努力。克里斯蒂娜只想亲力亲为。她把所有的时间都给了孩子们，一点也没给自己留。我也是这样，当然，有时也会遭到指责，没错，哪个孩子不指责大人？我们已经习惯了大家庭的生活，因为这样让我们女人可以投身到政治中去。"

弗洛伦西亚出生那天，艾丽西亚记得的不只是幸福，还记得克里斯蒂娜生完孩子后的第一件事就是化妆。还有，当克里斯蒂娜在圣马丁大街撞车的时候，是个不大不小的车祸，她颧骨骨折了，喊着要一面镜子好看看自己。

"克里斯蒂娜很会化妆，"艾丽西亚说，"我看着她怎么化妆，她非常仔细。我没有那种耐心。要想跟她一样你就得有耐心，还得当成'纪律'一般天天化妆。我不是这样的人，所以我也不化妆。"

当内斯托尔升职到省长的时候，协会的15名成员都成了官员。克里斯蒂娜是法律技术秘书处秘书长、艾丽西亚是社会活动部部长。现在又今非昔比了。基什内尔在当市长的时候工作非常成功，这个姓氏在整个省都扬名了，所以省长竞选成功的时候赢了远远不止之前的111票。

"我们知道我们会赢。内斯托尔从那时起就穿一件棕色的皮夹克，每次投票的时候都穿那件衣服。从他的第二个省长任期起，我们就开始说要竞选总统，但是那时候看起来还是很遥远的事。除了我们的信心以外，我们还差得很远。"

在内斯托尔的第一个省长任期内，他们就开始经营政治，那是20世纪90年代。当时很孤助无力，因为圣克鲁斯省得不到中央政府的支持。

只有过一次，1995 年下了一场大雪，里奥图尔比奥的交通瘫痪了，政府派了一辆大卡车来救援。艾丽西亚回忆说，除了这次，别无所有。梅内姆只是在内斯托尔政府建成的医院开业典礼上出现了一次。他们两人的关系很紧张。

艾丽西亚会去回忆内斯托尔，但是还是不能提到他的过世。那会像扎到身上的一把锥子一样，让她疼痛。她只想回忆内斯托尔，这个与她的一生交织在一起的人。

"从年少时，从我记事时，内斯托尔就是为了政治活着。不是一个时期，不是一种过渡，也不是一时的激情，政治是他的目标所在。当他在 2003 年参加竞选的时候，他对我说，'如果现在我们不行的话，到 2007 年再来。'他觉得如果竞选失败也没什么，可以让他在之后的选举中被大家认识。这次选举和任何一次选举，对他而言都不重要，有时候我们去一个地方，支持我们的人非常少，一只手就数得过来。我们已经习惯了这种情况。这么多年来，我们一直在这种条件下从事政治工作，一个人一个人地去争取。随后，惊喜来到了。我们互相看着，然后说，'不，就是现在。'当梅内姆意外下台后，我们所有人必须在一周内赶到布宜诺斯艾利斯。我们在去的路上还不能相信内斯托尔要成为总统了。我们都忙坏了……当他履职的时候，我才感到这是真的了。对我而言，各种情绪纷至沓来。我们是发乎于情地承担起这份责任。我们用情地承诺这项事业。如果入党都不能让你动情，还有什么可以呢？"

当克里斯蒂娜就职的时候，她任命完她的部长之后就在艾丽西亚的肩头哭泣了。几分钟前克里斯蒂娜和内斯托尔的拥抱让艾丽西亚备受感动。从那一刻起她一直封闭的感情决堤了。当她看到两个人胸膛贴着胸膛紧紧拥抱在一起时她哭了，因为他们不仅是夫妻也是同志。

"我备受震撼，因为我了解背后的事情，"艾丽西亚说，"我不停地

第十章 姑姐与弟媳

哭,你看让我这样一个人哭……一般我都能忍住,一个人要学会不流露情感。从政的人应该知道这点。不是因为我们坚强,不,完全不是,你要把自己的敏感留在内心深处,而不是表露出来。因为你还要帮助别人、给别人力量。你只能在独处的时候释放出来,但是在公众面前不可以。那天我没忍住,因为水满则溢。不可思议的是我的女儿们和我的妈妈都来了。看着广场上的民众,天啊,这是多大的一份承诺啊!我们千万不能犯错,我对自己说,如同祷告一般,我们千万不能犯错。我跟你说:对我们而言,推动阿根廷的前进不是一句空话,也不是你说说我听听的事情。我们已经听过多少遍了?对我们而言这是一份最高的承诺,这也是我们的浪漫所在。"

第十一章 照片与效率

彭佩雅印厂的艺术总监马尔提塔几乎是踮着脚溜到了她的上司莉莉娅娜·马苏雷的面前,她悄声说:

"要么她,要么我。"

莉莉娅娜看着画板,克里斯蒂娜一直在那里用裁纸刀裁裁剪剪。

"她,"莉莉娅娜回复她说,"你最好冷静下来,马尔提塔。你知道他们的。"

莉莉娅娜指的是内斯托尔和克里斯蒂娜。彼时是1991年。克里斯蒂娜负责推动内斯托尔竞选圣克鲁斯省省长的活动。

克里斯蒂娜在埃尔卡拉法特的家中,有一次看着本书的提纲。她指着一行字,用长长的珠光色的指甲敲着:

"是,是的,我总是负责他的竞选活动,"她一边笑着,一边点头肯定道,"谁还能比我更清楚他想要什么呢?"

就是这个下午,马尔提塔的情绪爆发了,莉莉娅娜·马苏雷对此却一点都不吃惊。她们一起筹备竞选的海报。海报是对开的,得拿到布宜诺斯艾利斯去做。印厂位于彭佩雅的萨恩斯大街。艺术部门在楼上,那是马尔提塔工作的地方。克里斯蒂娜在那里聚精会神,身体探向画板,她感觉有些不舒服,因为穿着高跟鞋在脚凳上放不稳。她灰色套装的外衣搭在椅子上。她正用剪子剪着一张纸。从莉莉娅娜和马尔提塔站着的地方,能看见她长长的指甲上指甲油反射的光。

第十一章 照片与效率

马尔提塔发着牢骚。在彭佩雅印厂的第一层，素材都是用手工处理的。然后再照下来，把胶片发给印厂。那时用刀子、剪子、图钉、记号笔干活，还没有 Photoshop。给印厂什么，印厂就印什么。问题出在内斯托尔，因为他不让人给他照相。

莉莉娅娜曾在 1976 年流亡墨西哥，从那时起她就开始为政治选举活动工作，同时也致力于尼加拉瓜、格林纳达和萨尔瓦多的民众扫盲工作。她曾经和一些候选人共事。受当时技术所限，印制海报需要尽可能好的照片。照片一般都是他们自己在印厂的一个工作室内照的，要给照片主人化上镜妆、选取中庸色彩的背景和为他们量身选择合适的服装。这些都是技术上可以达到的，也是必不可少的。内斯托尔的海报却不可能这么做。他甚至都不露面并断然拒绝为竞选活动照相。他也不说为什么，只是让人传话说工作繁忙，让大家用手里现有的东西并相信克里斯蒂娜就行了。

那些天，克里斯蒂娜每天准时到达彭佩雅印厂，上楼并坐到马尔提塔的旁边。当克里斯蒂娜摊开她带来的内斯托尔的照片时，莉莉娅娜和马尔提塔面面相觑。那些她找到的照片不是家庭成员相聚的就是和友人相会的，没有一张是专业摄影师照的，而且他既不帅又不上相。有几张是侧面照，克里斯蒂娜坚持说某一张比另一张好。莉莉娅娜笑了，然后告诉她原因。

克里斯蒂娜的态度引起了莉莉娅娜和马尔提塔的好奇。她不在的时候她们会就此聊一聊。随着对她的了解，当她每次来的时候，形象都是无可挑剔的、自信的和完美主义的，她们觉得这是一个神秘的女人，她却不能说服她的丈夫照一张简单的工作照，而这是任何一位竞选人都必不可少的。

竞选运动总是能让政客们很兴奋。那些政客很痴迷于在人前曝光。对很多政客而言，不知道是不是就是因为他们喜欢出风头。可是这个竞选者竟然不想出示一张小小的照片,这令她们觉得很奇怪。

"他就是这样。"那时克里斯蒂娜只是说了这么一句。她知道怎么劝他也没用,只能用这些少得可怜的素材尽可能制作出最棒的海报。

"他就是这样。"如今克里斯蒂娜还是这么说。现在聊到内斯托尔在生命中的各个时期的特点时,她已经可以平淡地谈这些事情了。与他相识时,她就爱上了他灵活的头脑和那些他们之间相同的和不同的思想。她完美无瑕,而他却外表糟糕——深绿的外套和厚厚的镜片。穷极一生都是如此,穿着莫卡辛鞋,❶ 身着双排扣的西服却不系扣,对礼仪不屑一顾、对外表无暇顾及。当克里斯蒂娜说着这些事情的一点一滴,当她描述的时候,她是骄傲的。她用爱慕的语气说着这个和她在这方面如此不同的男人,大家都明白的仪表重要性他却不屑一顾,但是他的这个特点仿佛是她爱他的众多原因中的一个。

当克里斯蒂娜说起内斯托尔的时候,当她描述他的时候,当她讲述自己的生活却无时无刻不谈论他的时候,克里斯蒂娜是一个恋爱中的女人。

1991年,克里斯蒂娜抵达彭佩雅,她已经准备好来这里不仅是合作的,而且是来掌控局面的。如果马尔提塔不理解把文字往上提一厘米或者把内斯托尔的侧面像调整6次还是7次之间的巨大差异,克里斯蒂娜就会一直不停地坚持,只要她认为有必要的话。

克里斯蒂娜坐在一条板凳上,靠近马尔提塔,尽管没有人邀请她这样做。她手里攥着一把剪刀,一旦发现可以精益求精的地方就剪下来、再贴上,她就这样把素材反反复复地摆弄,马尔提塔气得脸都红了。她觉得克里斯蒂娜应该是来视察工作的,而不是来取代她自己动手制作的。

马苏雷一边回忆一边笑。从这个场景能看到一个在所有细节都维护自己丈夫的女人。她也知道这些照片不怎么样,而他的形象也不吸引人。

---

❶ 拉美地区一种软帮便鞋。——译者注

1989 年他们帮她竞选第一个省众议员席位时，她就意识到了雇佣一个印厂的必要。当时克里斯蒂娜的照片无可挑剔，深蓝色的背景上是一个坚定而微笑的女候选人。但是他呢……他对照相的断然拒绝，看起来是他的政治潜力的一种体现、一种个人信息的传递，同时也是吸引她的地方。克里斯蒂娜得克服巨大的困难把手头这些可怜的素材利用好，她一直拿着刀子裁裁剪剪。莉莉娅娜看到后说：

"她是怀着爱意去做这件事的，马尔提塔。"

"是怀着爱意来捣乱的。"马尔提塔这么说着，却接受了，然后回去继续工作。

莉莉娅娜在内乌肯时，为奥斯卡·帕里义的竞选活动工作过。她曾身处墨西哥式的夸张氛围里，所以当她南下认识了南方的领导人时，他们给她留下了深刻的印象。在很长的时间里，她一直和他们保持联系。有时"企鹅"们会来拜访她在布宜诺斯艾利斯的家，他们常常让她很感动，比如来她印厂的克里斯蒂娜。她觉得在他们身上有共同之处，那是在逆境中的一种坚强，这和他们生长环境的气候也有关系，他们每天和大风斗争。他们也知道怎么在逆境中生存。

当莉莉娅娜第一次去里奥加耶戈斯，她甚至想扭头就走，连出门上街都受不了。他们从议会大厅去市政府，再从市政府去街角酒吧。莉莉娅娜问自己："有这个必要吗？"她想留在随便一个有暖气的地方，不想去面对一刻不停的猛烈大风。但是他们每个人都习惯了，包括克里斯蒂娜。风成了他们生活的一部分。这就是他们的性格。

大风、长途和孤独。在那些年里，莉莉娅娜参加过一条公路的通车仪式。那天的情形刻在了她的脑海中，她发觉内斯托尔可以舍弃很多东西，不仅是几张竞选用的照片，他也不需要旁观者。在那个通车仪式上有内斯托尔、克里斯蒂娜、她和另外 3 个人，总共 6 个人。他们在剪彩的时候那么精心，就好像到场了很多人或者媒体。其实什么人也没有，大风早把一切都刮跑了。莉莉娅娜有些苦恼，但是内斯托尔和克里斯蒂娜没有。他们很高兴地看到开通了一条路。

在这两场竞选结束之后，莉莉娅娜和她的男朋友有两次去维亚吉赛尔避暑的时候都碰到了基什内尔一家人。烤肉的时候，大家成群结队，都不单独行动。内斯托尔和克里斯蒂娜总是一大家子出行，和克里斯蒂娜的妈妈、艾丽西亚及其丈夫，还有所有的孩子们。大家很快就混熟了，在一起相互聊着天。那时是在梅内姆的任期，这些20世纪70年代的政治家们都很不安，所以在一起总是谈论政治。

在那个时候，克里斯蒂娜就给莉莉娅娜留下了印象。她总是非常关注别人所讲的，甚至别人说的一些没什么关联但又混为一谈的事情，她听到了什么都会去分析一番。克里斯蒂娜的大脑总是运转着，她的想法也都是有建设性的。莉莉娅娜看到他们两个人参加竞选，获得成功，一步接着一步，永无止境。他们两个人就是这样做的。

在莉莉娅娜的维亚吉赛尔家中吃过几次烤肉后，基什内尔一家便邀请他们来家里做客。他们去的人也很多，带了几瓶葡萄酒和两公斤冰激凌，开了两辆车。下车的时候是中午，四周很安静，这令他们很惊讶。烤肉炉上也没有烟。他们从花园进去，静悄悄的，然后看到了他们。克里斯蒂娜完全放松在一张折叠椅上，看着书，内斯托尔则在花园的另一端也看着书。他们两个把请客这回事给忘了。克里斯蒂娜开始不停地道歉，而内斯托尔则为自己是个愚笨的东道主而大笑不止。之后他们请大家吃了烤肉。

克里斯蒂娜坐在彭佩雅印厂的设计桌前，取代了设计总监，努力为内斯托尔做出最好的海报，这个场景在莉莉娅娜的脑海中先入为主地定义了他们夫妻的关系。这也是她在私人和公众场合了解到的这对夫妻的关系。一个男人和一个女人已经达成他们之间自己的运行机制，他们的夫妻关系意味着一个囊括了方方面面的生活计划。他们把彼此当做最好的谈话对象，也会就不同意见开诚布公地交流。"我们认为这也是 70 年代的特点——政治不是唯一目标，同时还要建设个人生活。我们希望我们是不同的，对我们应该感知的东西有不同的感受，"莉莉娅娜说，"不是所有的人都能做到。但是他们两个人可以，同时也不限于两人之间。内斯托尔会非常直白。当我和那时的男朋友分手的时候，内斯托尔就直接猛烈地当面批评了他。尽管他们两个不熟，但是他怎么想的就怎么说了。"

第十二章　新兵费尔南德斯

"我给她讲过《勇敢的心》。哇，我给她讲了很多。关于这件事，我还记得更多的东西。"迪耶戈·布拉内约说。迪耶戈是政论家，1996～2003年是克里斯蒂娜·费尔南德斯在议会的顾问，"如果你从一开始没有做好重压的准备，那么和克里斯蒂娜一起工作将会是一件很难的事。当她工作的时候，她态度严肃、处事果决、全神贯注，如果你不能跟上节奏，就会激怒她。但是她心里有个准则和一种团队意识，知道什么时候应该放缓脚步。所以有时候克里斯蒂娜会缓和一下气氛，但是每次她这样的时候，人们总会觉得不知所措。当我刚刚加入她的团队工作时，我是工作狂人，而且有一些怕她，因为当她要求一些东西或者提出一些问题时，你必须立刻给出适当的答复。克里斯蒂娜刚开始只是跟我说一些确有必要的话，声音虽然礼貌但透着疏远，但是有一天她停在我身边问我'你周末干什么去了？看电影了吗？'我回答"是的"，感觉有些奇怪。然后她问我去看什么电影了。我说是《勇敢的心》。当她坐下来让我给她讲讲的时候，我彻底晕了。至少在那个时候，她很喜欢那些电影。后来，我就习惯了。在许许多多的这种时刻，她会通过聊聊电影放松一下。"

1995年，克里斯蒂娜成为代表圣克鲁斯省的国家参议员，此时她的形象就和已经成为省长的内斯托尔的形象开始在公众面前分开确立了。当她加入议会的时候，在全国范围内还籍籍无名。在议会里梅内姆一派说了算。与他们的冲撞是迅速而又巨大的，1997年克里斯蒂娜被他们从正义党集团里赶了出来。

"年轻的时候我就很叛逆。"在某一次演讲时她说。这种"叛逆"的性格可能不仅和拉普拉塔大学时代有关系，也和1995年起就在议会工作有关系。尽管那些主流媒体没有提及她的这个特点，甚至反基什内尔的左翼持相反观点，把她和梅内姆相提并论。在克里斯蒂娜的漫长议会政治生涯中，她从来没有为梅内姆政府的政策提供过任何利益或者支持。相反，她还因为"叛逆"地给梅内姆集团投反对票而遭到惩罚。

奥古斯托·阿拉西诺领导的一个官僚集团与克里斯蒂娜在很多梅内姆政府的重要议题上持有异议，如大陆冰原、航空公司的私有化、税收条约第二部分、劳动改革，尤其是在法官委员会的改革上——阿拉西诺愤而拍案大声指责克里斯蒂娜。为此她向媒体申明说：

"这里不是兵营，我也不是新兵费尔南德斯。"

第二天，《号角报》发文，题目是"克里斯蒂娜：'政治集团不是兵营'"。在她的办公室里，这位国家议员收到报纸后，和她的两名顾问——米盖尔·努涅斯，后来成为她的发言人以及迪耶戈·布拉内约——一起评论。"你注意到了吗？"她问努涅斯。"你注意到了吗？"她重复道，并让他们看着报纸，但是他们没有看出她的意思。"现在我是克里斯蒂娜了，"她笑着对他们说。"报纸没写克里斯蒂娜·基什内尔或者是克里斯蒂娜·费尔南德斯·德·基什内尔，我是克里斯蒂娜。"她这么说时不停地笑着，同时离开了办公室。这是她的名字第一次出现在全国范围发行的日报的标题上。

"这是个好胜斗勇的女人。"布拉内约说。1997年，他认识了克里斯蒂娜，那时他才21岁，刚刚进入议会开始他的无偿工作。克里斯蒂娜的一名顾问邀请他参加一场参议院的委员会大会。布拉内约因此听到了不少克里斯蒂娜在辩论中的表现，但是还没有当面见过她。他不是唯一在议会走廊里听到那个不断重复的流言的人："阿拉西诺想暴打克里斯蒂娜。"

一天早上，当布拉内约到达迈克卡西主持的一场会议的现场时，他终于找到了他一直寻找的东西：肾上腺素。那天讨论关于一个碳氢化合物委员会的计划，委员会的成员省份里有的根本就不生产这个化学物质。迈克卡西得到的总统指令是无论如何都要让这个计划通过。

"对我而言，那个会议简直不可思议，"布拉内约回忆道，"场面非常有意思。我简直不能相信，五六个人忍受着这个女人对他们放炮猛轰，都快都坐不住了。克里斯蒂娜非常有杀伤力，如果她是一人的对手时，会让人很难受。他们无法相信，因为她显然不是用脏话骂他们，而是有理有据，这是让他们最为光火的地方。他们本来有一套政客的处事规则，但是她把他们气得发疯了。比如她对他们说'为什么你们连碳氢化合物都不生产却还要待在这个委员会里？圣克鲁斯从来没有要求加入国家谷物委员会，因为这不符合逻辑：我们根本就不产谷物。'然后那帮人就不知道怎么回答，于是他们就说这是政策之类的连篇蠢话。迈克卡西的脸色啊……但是就像惯常的那样，这家伙又得让这项计划必须通过，但是这个女人来了把一切都搞乱了。当气氛紧张起来之后，我想：这就是我要的，我想跟这个女人一起工作。"

当会议结束的时候，布拉内约、邀请他与会的那个顾问，还有克里斯蒂娜正好同乘一部电梯。克里斯蒂娜进来的时候正生着气。在电梯里她开始和那个顾问谈论，正在气愤中忽然看见布拉内约，于是就问她的谈话对象："这人是谁？""她当时是拿我泻火。"布拉内约笑着说。几年后，布拉内约开始为内斯托尔·基什内尔的总统竞选活动工作，时至今日他仍然认为布宜诺斯艾利斯人处在劣势，因为南方人相互之间更加信任。克里斯蒂娜会开这方面的玩笑。"你们自认为是国家的政治先锋，你们投票给德·拉·鲁阿、费尔南德斯·梅西德、埃尔曼·贡萨雷

斯……"她对布拉内约说。他承认道："现在肯定还得加上马格里。"❶

所以，那时克里斯蒂娜和政府官员的关系就非常糟糕了。1996年3月，参议院只通过了一半改革法官委员会的草案。这是一项关键的草案。克里斯蒂娜反对这个草案，尤其是她认为不应该像原始草案上写的那样由"8名议员或者他们的代表"组成委员会。她说委员会应该由议员组成，而不是由"其他人代表"。这句话实际上成为了法律参与议会事务的大门。她用她惯常的语气争论，但是那时还没有任何一个庇隆主义的人在议会里会这样讲话。

除此之外，她还在辩论时说：

"尽管集团的主席、发言人、整个集团以及整个正义党都同意，我依然坚持认为，委任代表的做法不尊重宪法第114条的精神。我们不能让别人代表我们参加法官委员会。"

在拖了几次又在议院里兜兜转转好几圈之后，1997年12月10日，梅内姆集团终于还是把参议院的原始草案通过了。

冰与水

不久之后，议会开始着手处理有关圣克鲁斯的另一个敏感话题：同智利关于大陆冰原的协议，该协议在1998年年底时通过决议。那是克里斯蒂娜第一次在媒体上大量曝光，她坚持反对政府官员的计划。在各大媒体上出现她的面孔，她反对同智利划分的冰原分界线。布拉内约说，克里斯蒂娜和内斯托尔一起，"把这个议题扛在肩上"。他们两个人在一年内跑遍了整个国家，告诉大家他们对这个官方计划的理解，他们坚持这个计划是对一种自然资源——水的放弃。

联盟❷成员想讨好政府并安抚智利，所以他们支持用梅内姆和弗雷总统推动的著名的冰原分界线协议。在这个协议里，阿根廷让出了一

---

❶ 以上提及的人都是克里斯蒂娜认为不称职的政治家。——译者注
❷ 即工作、正义和教育联盟。——译者注

半的领土。克里斯蒂娜和内斯托尔很艰难地去捍卫他们的观点，因为另一方面，主流媒体解读这个计划的诞生是换取与智利和平相处的代价。这一年年中，在展开冰原全面辩论的时候，克里斯蒂娜没有跟任何人打招呼就把内斯托尔带去参加外交委员会的一场会议，让他以圣克鲁斯执政者的身份去做一个讲话。

"他走进去，问候大家，然后开始讲话。完全是内斯托尔的风格。如果说克里斯蒂娜会因为她的姿态而得到别人的尊敬，而内斯托尔呢，我都不用跟你解释，"布拉内约说，他亲历了那次讲话，"内斯托尔就是天生的领导。那时候就已经能让人感觉到了。他说得又长又详细，一直说到凌晨。他感谢那些反对冰原分界线的人，并解释他不是和智利作对，她妈妈就是智利人。他展示出来的是这个论题最本质的东西，是对领土的一种战略保护。在此事之前很久，在我认识克里斯蒂娜之前，那时我还在阿根廷天主大学上学，我们请他们两个人做过一次关于冰原大陆的讲座。他们做了解释性的演示，带了一个塑料泡沫做成的冰原，给出信息并且解释为什么反对。1998年，克里斯蒂娜跑遍全国，去每一所大学介绍这个议题。这一年，这个话题在媒体上出现了很多次，甚至在我家里有人问我：'什么时候才结束冰原的话题？她想说什么？'那时克里斯蒂娜看起来像是昙花一现的明星，但是其实她并非昙花一现。"

克里斯蒂娜发动的另一个政治风暴是她与政府官员发生的最大的摩擦。就磋商阿根廷向厄瓜多尔出售武器一事，克里斯蒂娜质询外交部部长奥斯卡·卡米利翁。政府下达了一项指令，并通过以霍尔西·马茨金为首的政治集团对外发布，指令说就此事没有解释，卡米利翁仅需向两议院的国防委员会说明情况。

在内部会议上，克里斯蒂娜震惊了外交部部长卡米利翁，她直接要求他辞职，并对于议题的严重性如发射子弹一般说出了一系列论点。卡米利翁震得目瞪口呆，回答时都失去了逻辑：

第十二章　新兵费尔南德斯

"参议员女士，您的年龄和背景都不够要求我辞职。"外交部部长对她说道。

大家都谈论了这次可能引发克里斯蒂娜会遭到驱逐的事件，于是她在出口处被媒体询问赶卡米利翁下台对她而言会有什么后果。她说：

"那该太可怕了。几乎都到了 20 世纪末了，如果还有人因为持异议或者持不同态度而遭到驱逐，这就不仅仅是宗派主义，简直就是过时的思想了。"

这一年，克里斯蒂娜已经辞去了参议院的席位，而成为代表圣克鲁斯的国家众议员。她成为南方省份的新一代议员，在两年里显示出了对当时的庇隆主义政府纪律的无视。她在法官委员会改革草案的立场以及在所有议题面前的姿态，实际上他们都给她记着账呢。在她又一次公开表示反对的几天之后，一个小兵来到克里斯蒂娜的办公室，给她带来了一份匿名的备忘录，上面写着：自今天起，克里斯蒂娜在她参加的所有的正义党的委员会上均不再产生任何影响，包括外交和宗教、刑事问题和监狱体制、教育、家庭与未成年人、区域经济、联邦共同税务、行政和市政事务以及追查袭击事件的两院委员会。这个备忘录没有直接使用"驱逐"这个字眼，也没有任何人在上面签名。

克里斯蒂娜立即回复道："这是对圣克鲁斯省的惩罚。我不仅是一个省的代表，也是正义党在这个省的代表。我将是少数的持不同政见的人。我们有权力这样做。我的行为不是无纪律的表现，我绝不会遵守一个违法党派的纪律。"

滥用权力和洗钱

在她的议员生涯中，2005 年她被布宜诺斯艾利斯省选为参议员，克里斯蒂娜参加了一些委员会，那些委员会直到现在还声名远播。一方面是因为那些委员会代表了现在她的政府的执政特点；另一方面是因为那时就埋下了一些人默默仇恨她的原因。

代表上述第一方面原因的是，1999 年她主持的关于跟进以色列大使馆和拉阿米亚大楼袭击的两院委员会；代表上述第二方面原因的是关于众议院洗钱案的特殊调查委员会，她任这个委员会的副主席，而主席是艾丽萨·卡里奥。

关于袭击的调查，布拉内约一直在跟进两院委员会的工作，他说总感觉"所有都是安排好的，不仅是在委员会里，甚至是在整个政坛当中。有些时候，感觉有些演讲就是故意让人去调查的，就是这样。克里斯蒂娜的角色作用就是向前推进。她制造混乱，然后借机推进。我的脑海里有一个清晰的图像：周围的一切是舞台布景，克里斯蒂娜的工作就是用力推开那些纸板道具，看看是不是能够找到事实真相。你看过奥尔梅多❶在情景剧中推动那些纸板道具吗？她就是奥尔梅多。"

这很令人讨厌。她的这个性格激怒了所有达成一致试图伪装的人。尤其是那些梅内姆主义者，他们把她放到这些委员会里其实就是想给她找点事干，好把她踢出圈子。在袭击案件的调查中，她不停地提问，甚至所有人都想把议题结束了，她还继续问，一次甚至把一名警察给弄哭了。

那次是在伽累亚诺法院丢失了 66 盘关于卡洛斯·特耶丁电话录音的磁带。这是这个案件中最令人不可思议的一件事。两院会议召开了整整一天，从凌晨 3 点一直到第二天凌晨 3 点。他们把那些当时应当在法院执勤却没有去的警察叫来。委员会对他们进行提问。当所有的警察口径一致地回答问题时，克里斯蒂娜就继续提问。她反复地提问，以至于一个警察起先开始结巴，随后就哭了，而不能够继续他的证词。事情本应到此为止，所有人都要结束会议，但是克里斯蒂娜不这么认为：她让人把联邦警察局局长叫来。

卡洛斯·索里亚主持会议，他对克里斯蒂娜说："好了，我们会关注此事的。"克里斯蒂娜为了推着他往前走，就回答道："不，不，让他现

---

❶ Olmedo，阿根廷演员。——译者注

第十二章 新兵费尔南德斯

在就来。"布拉内约讲述到,此刻"现场出现骚乱,索里亚无措地看着她。索里亚的角色是维持舞台布景。而克里斯蒂娜,她走到索里亚的旁边坐下,他们只好命令警察局局长过来。一个小时之后胡安·卡洛斯·帕塞罗来了。"

她开始提问,局长就开始出汗了。有人给索里亚传过来一张纸条,上面写着"让她闭嘴"。

"那些激进派的人在这个场景里很兴奋,因为克里斯蒂娜引发了他们没能引发的状况。那是一个令人不可思议的晚上,"布拉内约说,"那一晚,帕塞罗第一次承认不论是 1992 年大使馆还是 1994 年拉阿米亚大楼的袭击事件中,'在警界中有严重的疏忽和行政过失'存在。"他在委员会中陈词一个半小时。第二天,1999 年 6 月 9 日,《号角报》发表了标题为"一个警察局长的自我批评"一文,里面写着这样的话:"帕塞罗不排除这些事情的发生和联邦警察掌管的大楼的安全措施松懈有关的可能。"

在这场调查中,作为帕塞罗陈词的后果,不久之后在国家情报秘书处(SIDE)召开了一场会议,一些议员参加了,他们在袭击委员会中碰面。SIDE 的代表是一个女人,她负责他们正在准备的通报。克里斯蒂娜又向她就 SIDE 在这个案件中的工作模式连续发问,以至于这个代表几乎吃了整整一盒拜阿司匹林。如同她那时的顾问所说,她又一次撼动了舞台布景的纸板道具。这是另一位也在现场的议员对布拉内约说的。当听到一整盒拜阿司匹林的时候,布拉内约对那位议员说:

"你太夸张了。"

"没有,没有。她每 20 分钟就吃一片。克里斯蒂娜不停地问她,她头都晕了。那位女士根本没想到有人会这么严肃地对她发问。"

克里斯蒂娜和犹太团体的良好关系可以追溯到这个时期,她在委员会的年度通报上不仅签署了反对意见,还在通报上增添了同叙利亚关系的一章内容。

　　一年之后，2000 年，克里斯蒂娜成为另外一个著名委员会的副主席。这个委员会的成立是为了调查众议院的洗钱罪行。艾丽萨·卡里奥是委员会主席。本书的其他被访者也记得让三个议员——除了前面两位，还有现任驻委内瑞拉的大使艾丽西亚·卡斯特罗——失和的情形。外人看来她们三个是有力量的三重奏，她们三个内部却不来电。在我领导的女性副刊《十二个女人》里，我们一直想让她们三个上封面，但是总是不行：她们总说是日程安排问题，但是我试了四次之后都不行，我就明白了，她们是永远不会在一起合影的。那时她们三个当中最出名的是卡里奥，她经常出现在电视上，故作神秘。

　　人们对这个负责调查洗钱案件的委员会很期待。这么多年得洗了多少钱啊。但是卡里奥的调查一直是以一种特殊的和表层的方式进行。在恰巧要公布最终报告的时候，委员会被分成了几个部分。这对卡里奥而言是一枚苦果，她一直以来许诺要揭露大家不知道的真相，但是当她在一场挤满了媒体的新闻发布会上，向公众公布报告的时候，只有格拉西拉·奥卡尼亚一个人伴其左右。

　　在新闻发布会的两天前召开了最后一场委员会的闭门会议，会议是在一片叫喊和卡里奥的泪水中结束的。

　　在那天的会议上，出现了卡里奥把信息泄露给媒体的流言。一个顾问靠近克里斯蒂娜告诉了她这个流言。克里斯蒂娜要求讲话，并开始斥责卡里奥泄露信息。她说："你在利用我们搞自己的竞选活动。"玛格丽塔·斯托比泽尔紧随其后，另一些人也发起了抨击。卡里奥不能控制局面了，坐在椅子上哭泣，那些不喜欢她的人斥之做作。委员会的结局就是提交了四份报告。

　　那个充满喊叫和哭泣的会议结束之后的第二天，卡里奥把一些委员会的成员叫到了办公室。她在床上接见了克里斯蒂娜,还递给了她巧克力糖。这是最后一次试图让克里斯蒂娜同意报告并参加新闻发布会。在床上,卡里奥指给克里斯蒂娜一份文件:"你得在这里签字。"她说。克里斯蒂娜回答道:"我不会在我没有读过的东西上签字的。"然后她把报告拿回了办公室,给了她团队里的几名成员。在这几名成员当中,就有布拉内约。他和另外几个人通宵阅读洗钱报告,第二天卡里奥要对外发布的就是这份报告。

布拉内约说:"报告有一系列自相矛盾的地方。在第一章里面的东西和第三章说的是相反的。因为是不同的人写的,他们之间也没有就一些重大事情进行沟通。但是在那个时候很难反对卡里奥。那是她风头最劲的时候,媒体都和她站在一边。早晨的时候,克里斯蒂娜到了,我们一起在标注的地方做工作。她说她不会签字。"

她没有在这份报告上签字,而是签了另一份报告。委员会的四分五裂早就预兆了没人把报告当回事。委员会继续进行接下来的步骤,最后不了了之。克里斯蒂娜的这次反抗,可能就是卡里奥怨恨她的来源。

布拉内约一直在参议院陪伴着克里斯蒂娜,直到2003年内斯托尔当上总统。在令人目眩神晕、肾上腺激素飙升的这些年以后,他突然发现参议员克里斯蒂娜总是要求低调。他说:"她有所保留。"她不喜欢在日程安排上有过多媒体的事。她只想好好干议会的工作。她围着内斯托尔,后退一步去辅佐他,他们之间总是这样轮换着角色。四年之后,她成了总统,内斯托尔也如是。两个月之后,布拉内约对她说:"我去干你想让我干的,但是我的工作不能总是对媒体说'她不去讲话,她不去讲话,她不去讲话'。"

"对她而言那是已经决定了的,"布拉内约解释道,"政治上,需要重新建立总统的权威,这在这个国家已经磨没了。她理解我,于是我追随内斯托尔到政府去工作了。"

第十三章　在宪法事务委员会时期

2006 年的一个晚上，瓦雷利亚·洛伊拉失眠了。她对克里斯蒂娜说谎了，为此感到很内疚。她在床上辗转反侧，不停自问，为什么要对她说谎呢？真办了件大蠢事啊。发生了这些事以后，和迪耶戈·博西奥去墨西哥的旅行对她来说已经不那么重要了。迪耶戈是门多西诺的执政长官塞尔索·哈克的顾问，瓦雷利亚几个月之前认识了他，随后两人发展了恋爱关系。瓦雷利亚向克里斯蒂娜说谎了，因为要解释清楚工作中的恋爱关系很费事，尤其他们还是在参议院工作。瓦雷利亚那时已经给参议员同时也是国家第一夫人克里斯蒂娜·费尔南德斯·德·基什内尔任首席顾问很多年了。

一天下午，克里斯蒂娜听取了一个她一点都不喜欢的评论之后，给瓦雷利亚打了一个电话，要和她单独谈谈，这让瓦雷利亚有些紧张。克里斯蒂娜总是在整个团队面前吩咐她需要做的事情，她从不会和她的人密谈的。

克里斯蒂娜和她曾有过的和工作无关的许多次谈话都是和她的卷发有关。一次，她把头发拉直了，克里斯蒂娜把她叫到一边，说："你看起来不错，但是你的卷发很漂亮。我想让你知道。"还有一次，是个夏天，瓦雷利亚把头发的颜色染得浅了一些，在一次委员会的全体会议上，她的领导注意到了这个变化。"你对你的头发干什么了？"当大家都走了之后，她问道。

但是，这回她的语气有些严重。

第十三章 在宪法事务委员会时期

"你告诉我实话。你谈恋爱了吗？如果是的话，我很高兴，但是我不希望你们一起出差。"她们刚刚单独在一起，她就对她说。

瓦雷利亚否认了。事情有些复杂。她和迪耶戈为了避免绯闻，决定保持地下恋情，但是结果事与愿违。那个失眠的夜晚，这些年的前尘往事悉数扑面而来。那是在2001年，她开始在宪法事务委员会和克里斯蒂娜一起工作，那天正巧也是委员会主席克里斯蒂娜第一天上任的日子。

这些年过得紧张、喧嚣，同时也很神奇。她和克里斯蒂娜在一起找到了一种发疯同时又很有成效的工作方式。这种成效令两个人都很满意。她们两人分工明确，但是克里斯蒂娜对瓦雷利亚而言，远不止领导。多少个不眠夜和多少肾上腺素的飙升，都让瓦雷利亚从中感受到了两人的情谊。她们的信任从共同的工作生活中而来，甚至包括她们在一起匆忙吃的水果午餐。很多次瓦雷利亚和克里斯蒂娜面对面地吃沙拉，她们被文件和电话铃声包围着。最初几年跟她们在一个工作组的迪耶戈·布拉内约常常看到她们一边吃饭一边工作。他说从来没有见过一个人吃水果沙拉能像克里斯蒂娜那么快："叉起来放进嘴里、再叉起来放进嘴里，一直保持这个速度。同时她的大脑在思索另外的事情，仿佛吃饭只是例行公事。"

那天晚上，瓦雷利亚想无论是因为害怕还是害羞，对克里斯蒂娜撒谎都是一件蠢事。她决定了，最好还是一次性地说清楚她恋爱的事情。于是，第二天一早，她就把电话打到了奥利沃斯。她对克里斯蒂娜说，她需要见见她。

"我马上要起身出发了。是急事吗？"

"我不知道算不算急事，但是对我而言很重要。"

"非常重要吗？"克里斯蒂娜问道，她已经有些明白了。

"是的。"瓦雷利亚说。

"好的，你来吧。"

半个小时之后，她们便面对面了。克里斯蒂娜看着她，但是瓦雷利亚没有立刻开口。

"你怎么了？"克里斯蒂娜问她，帮她开口。

"我对你撒谎了。"瓦雷利亚说。

"你恋爱了？"克里斯蒂娜说。

"是的。"瓦雷利亚说。

克里斯蒂娜拥抱了她，她们都笑了。她问她，两个人在一起怎么样，什么时候开始的，为什么对别人保密，迪耶戈怎么样。瓦雷利亚对她澄清说，去墨西哥的旅行，不是"公费旅游"，是为了工作的出差，但是克里斯蒂娜也懂得怎么回事。克里斯蒂娜对她说："我不希望你们两个一起出差，因为我不想别人说你们假公济私。你知道他们的。"

瓦雷利亚已经知道"他们什么样"了，但是当克里斯蒂娜出任总统的时候，她就职国家审计总办公室（SIGEN）主席时，她就更知道了。2009年，在她的丈夫刚刚出任国家社会保障管理局（ANSES）领导没几天的时候，她就不得不辞职了，因为媒体对他叫嚣。她那时怀着七个半月的身孕，非常敏感。她辞职的时候，痛苦地哭了，因为她感到无力与心痛。克里斯蒂娜帮她克制感情，久久地拥抱她，抚摸她的头发，劝慰她照顾好自己。这种身体上的接触，基什内尔一家人不会拒绝，但是也只在为数不多的情况下才会表现出来，这个特点早就引起了瓦雷利亚的注意，这次在她脆弱的时候是第一次亲身经历。

在瓦雷利亚第一次见到内斯托尔的时候，正是这种身体接触引起了她的注意。那时她刚刚和克里斯蒂娜一起工作。2001年，国会的走廊里官员们你来我往，向菲利普·路杜埃涅的离世致哀。菲利普是圣克鲁斯的众议员，也在其省份有很长的庇隆主义历史。在克里斯蒂娜从正义党里被驱逐出去之后，他和克里斯蒂娜在一个政治集团里。菲利普死后不久，他的妻子和女儿在克里斯蒂娜的办公室里，满怀哀伤。她们对瓦雷利亚说："今天省长会过来。"内斯托尔到达之后，他给瓦雷利亚留下了深刻的印象，因为她第一次看到他，也看到了他对两个受伤的女人给予了毫不为难的和超乎寻常的肢体安慰。她注意到这种安慰不仅限于亲吻、必不可少的拥抱和寻常的话语，她还看到这个高高的男人弯下腰来伸开胳膊久久地抱着她们，看到他如何抚摸她们的脸颊、如何对她们耳语，然后再次拥抱她们好让她们安静地哭泣。

另外一个拥抱是在2007年，瓦雷利亚给予克里斯蒂娜的一个超出礼节性的拥抱。瓦雷利亚在大街上的人群中，这位新任女总统走出来，向党员们致意。瓦雷利亚扒开一条路，靠近到栅栏边上，用尽全力向克里斯蒂娜喊。克里斯蒂娜听见了她的声音，然后转过身来看见了她，她伸长胳膊，瓦雷利亚也够到了她，两人在栅栏上方拥抱并哭泣。

2001年

当说到克里斯蒂娜的时候，瓦雷利亚也说到了她生活中事务最为繁杂的一个时期。2001年，她27岁的时候，命运在她面前打开了一个崭新的世界，她走进去，在这里为人妻、为人母。那年12月的一天，她的工作室同事也是她在布宜诺斯艾利斯大学的同事埃斯特万·立西对她说，参议员费尔南德斯·德·基什内尔正要任宪法事务委员会主席一职，她需要一个良好背景的人来做她的首席顾问。瓦雷利亚和立西一样，在大学教授基本刑法和刑事诉讼，并有研究生学位。

把简历递给立西两天之后，瓦雷利亚正在系里的时候，接到了克里斯蒂娜的电话。电话是克里斯蒂娜直接打来的，还带着渴望的语气。

"我想今天就见到你。"克里斯蒂娜说。

"晚上行吗？我9点完事。"瓦雷利亚回答道。

"行，没问题。这个时间我还在办公室工作。"

她们就这样约定了。这次面试就安排在一天中工作时间的最后时刻，总共没超过10分钟。那天晚上，瓦雷利亚人生中第一次穿过了人声鼎沸的参议院走廊，抵达了克里斯蒂娜的办公室，她看到了那个她在报纸上见过的女人正对着她微笑。

"啊！你可真年轻！我要用'你'来称呼你！"克里斯蒂娜一边说着一边给了她一个吻。

"我也可以用'你'来称呼你吗？"瓦雷利亚问道，她不知道具体该用什么礼节来对待一位参议员。

"当然！"克里斯蒂娜用对待同伴的口气对她说道。瓦雷利亚回忆起这些年来，说道："我们之间的关系很完美。"她回忆起那些紧张和极为疲惫的时刻，也回忆起因为紧急突发事件和克里斯蒂娜的工作方式造成的极度苛刻，但是她感到非常满意，从2001年那些混乱的时刻开始，可以像影子一样陪伴着这个女人，亲眼看着她如何从一个桀骜不驯的南方参议员成长为女总统。

在那次工作面试时，互相问候之后，克里斯蒂娜立刻对她阐明："我需要一个人，不仅要和我在委员会内工作，而且要在所有的相关事务上做我的顾问。我从明天开始上任，希望你也是。"

瓦雷利亚回答说"好的"。第二天就召开了宪法事务委员会的第一次会议。在这个委员会里，克里斯蒂娜和瓦雷利亚肩并肩地工作，出炉了很多法律，如法官委员会的改革、通过了最新的形成国家最高法庭的法律，还有公众的信息获取途径，等等。

第一次委员会会议的召开碰上了在同一个月发生的针对总统费尔南多·德·拉·鲁阿政府的大罢工，因此这个12月就带有热烈而又沉重的气氛。布宜诺斯艾利斯看起来完全瘫痪了。没有地铁、火车，商店不营业，街上也没人。但是参议院里有很多运动。很快就到了危急时刻，12月20日如预兆般动荡。随后便是经济危机、死亡、人们上街敲锅砸盆地游行，安全栅栏把银行和议会都围起来了。

12月19日，克里斯蒂娜和她的团队在议会里。那是个星期三，有会议召开。总统德·拉·鲁阿在8点半的时候在电视里做了全国范围的讲话。午夜之后，迪耶戈·布拉内约和米盖尔·努涅斯的妻子玛贝尔

（Mabel）相遇在阔鲁姆餐厅。之后没多久，克里斯蒂娜、瓦雷利亚和米盖尔想从议会出来，却已经不能了。议会被几百个不停叫喊的人包围着。阔鲁姆餐厅的一个服务员对布拉内约说："老兄，你把领带摘了吧，要不该挨揍了。"

这是个好建议。后来《媒体报》的记者塞尔希奥·克里维意路过的时候就被打了，因为这家日报的很多记者都穿西装。餐厅里的顾问们都把领带给解下来了，把衬衫的袖子也挽上去了。直到凌晨2点，克里斯蒂娜和她的团队才得以从议会出来。为了避免遭到袭击，布拉内约在着装上掩饰自己，后来他决定加入游行的队伍，并随着他们抵达五月广场。"尽管我没有受到经济危机的波及，但是我也受够了。我们挨了催泪弹。我从政府官邸一口气跑到卡耀和科连特斯大街。我什么都不记得了，只是不停地叫喊。"

几天之后又爆发了一次游行活动和一场在五月广场的人群集会。那是12月30日，这次抗议使得阿道夫·罗德里格斯·萨阿下台了。那天是星期五。布拉内约要去议会工作，但是那里"连待都待不住"。叫喊声和人群试图穿过围住大楼的栅栏，这让待在大楼里的人无法忍受。他又回到了他在卡瓦依托的家。当听说有人群集会的时候，他又从多布拉斯和佛尔摩萨一个人走到了政府官邸。

他在那里，在人群中走来走去，凌晨3点的时候克里斯蒂娜给他打了一个电话。她之前从来没有、之后也再没有在这个时间给他打过电话。她当时在南方，凭直觉感到他在现场，她想得到第一手的信息。

"你在广场吗？"她问道。

"是的。"他回答。

"不可思议。我上飞机的时候还是这个总统，下飞机的时候就换成了另一个。你们太勇敢了，在那里干什么呢？"

"我不知道，克里斯蒂娜，我受不了了。"他说，同时继续在人群里走来走去，那里的男人和女人手里有什么就用什么，不断地制造声响。

"正在发生什么呢?"她在里奥加耶戈斯执意问道。

"一场混乱。"

"可想而知,但是给我讲讲你看到的。"

"广场上人满为患。很多女人、男人,像我一样独自来的,没有任何组织。人们想让总统下台。"

"你的确切位置是哪里?"

"正对玫瑰宫,离金字塔几米开外。"

"四处都能看到人吗?"

"是的,还有不断到来的。他们高喊着'全都下台'。"

"米盖尔(努涅斯)在哪儿呢?"

"也在这儿呢,但是我还没碰上他。"

"我给他打电话,他没接。"

"这里特别吵,听不见手机响。"

"好吧,你多保重。"

那个夏天,总共出了五位总统。货币兑换危机爆发和德·拉·鲁阿以及卡瓦约逃亡之后,命悬一线的体制使国家撑了过来,这要感谢瓦雷利亚这个卷发和戴着圆眼镜的新人钻研的那些法律,有时她会茫然地叹气,有时她会因为激动而发抖。德·拉·鲁阿的逃亡和民众抗议事件的爆发使得这个12月立法议会的会议不断,也使议院第一次需要把它的例会延期。

从一开始,瓦雷利亚同克里斯蒂娜的关系就不曾中断。她们共同工作。当克里斯蒂娜在办公室里用着瓦雷利亚已经读过和学习过并特意给她准备好的资料时,她还会给瓦雷利亚继续打电话,要求新的可能需要补充的信息。克里斯蒂娜总是先和自己的团队开会,并准时开始工作安排。比如,她会说:"11月30日会议议程结束,但是我需要紧急延长它,我们怎么做?我们有什么?什么作者谈到了这个?"

第十三章 在宪法事务委员会时期

瓦雷利亚总是那个尽最大可能殚精竭虑地满足她的要求的人，因为她知道克里斯蒂娜不屑于那些概括性的资料。她给她找的都是确切的和足够的信息，克里斯蒂娜以此来形成自己的思想，然后在公开场合发表。灵感的源泉来自媒体、相关的作者和之前各种相互口诛笔伐的版本。瓦雷利亚把所有这些汇总到一起然后进行挑选，再递给克里斯蒂娜，让她在需要的时候可以学习。克里斯蒂娜在阅读的时候会提问，甚至会在演讲前从办公室里打来电话。

"在第三页有个引文，但你没写出处。"克里斯蒂娜告诉瓦雷利亚。

"我已经给你找到了。"瓦雷利亚回答她，然后挂掉电话。

不一会儿，她的手机又响了。

"你给了我 3 月和 4 月的文章，之后还有 6 月的，5 月的呢？"克里斯蒂娜问她。

"5 月什么都没有。"瓦雷利亚回答道。

"你认真查了吗？"克里斯蒂娜坚持问。

"是的。"

"好的。"

她的团队知道必须和她的那些不可避免的问题随时保持高度一致。一个"我没有查"的回答就会是致命的。他们是克里斯蒂娜公开演讲的信息来源，尽管他们会工作得比预计的时间还要长，但是他们知道他们的工作是克里斯蒂娜那些著名的即兴演讲的第一手资料。

瓦雷利亚从来没有见过克里斯蒂娜学习，她都是私下做这些事情。但是整个工作团队，尤其是那四个专门负责背景资料搜寻的人，总是仔细聆听她的演讲，他们对克里斯蒂娜可以把他们提供的信息都融入自己的演讲框架里这点印象深刻。

"我在布宜诺斯艾利斯大学工作的时间超过 16 年，与我一起的有本科生、研究生，还有读了你能够想到的所有专业的人。但是我从来不认识一个人有她这种能力，用自己的脑袋把所有技术的、政治的、历史的、社会的等诸多信息组织起来。这么多年，我从来没见过她下笔写过什么。她就是学习。她用不同颜色的记号笔做标记，我想不同的颜色代表不同的论点和不同的重要性。她也会把感兴趣的东西做标记。把所有的资料读完后，她会再找适合自己论点的信息。她有她自己的一套办法，无法复制，当然，要想像她那样，也得有她的头脑才行。"她说。

"我不能相信你竟然能懂她想要的是什么。"伊西德罗·布尼讷对瓦雷利亚说。伊西德罗现在是总统的一个私人秘书中，也在克里斯蒂娜的办公室工作。他指的是这些年来她们之间经常出现的一种高深莫测的对话。克里斯蒂娜来了，对她说：

"看《国民报》（*La Nación*）了吗？"

"看了。"

"好的。"

"是的，我知道了。"

"我们去那儿吧。"

"当然。"

她们在不同的地方办公。瓦雷利亚在配楼里，有一间办公室，原先是别人让出来的，很小也不招人喜欢，就像大鸟笼——大家都这么叫这个配楼——里所有的办公室一样。克里斯蒂娜在参议院的一间办公室里工作，那是别人借给她的。工作日程囊括所有，常常连早餐、午餐、午后茶点和晚餐都包括进去。但是午后茶点常常是配楼的顾问们特别重视的时间。他们聚在会议室里，把所有的东西都摊开来：两杯马黛茶、一些点心、蛋糕和红色水果糖，都是最近一个从南方回来的人带来的。一天下午，他们坐在放满了吃的和文件的桌子旁边，一边读着一边一杯杯地喝着马黛茶，这时克里斯蒂娜没有预先通知就来了。大家对着满桌子的甜品，觉得很尴尬。克里斯蒂娜接过他们帮她从酒吧点的拉格利玛牛奶咖啡之后，留下来和他们聊了一会儿，走的时候她对大家说：

"祝贺你们，工作氛围真不错。"

瓦雷利亚经常出入克里斯蒂娜在乌拉圭-洪加尔大街的寓所。她说不出克里斯蒂娜总在家里摆放的是什么花。很多年之后，除了印象已经模糊了以外，还因为当时她也没太多注意那些花瓶，但是她有个印象，就是进入了一个最小的细节都被照顾得到的家里。墙上挂着画，椅子是中庸的颜色，光线很好，鲜花的芳香沁人心脾。这些都是女性的细节。

这是克里斯蒂娜的另一个侧面，是她的天性，大家也都知道她这点。她会打断一个会议，然后给她在南方的家打个电话，好查看一下是不是一切运转正常，甚至会过问菜单。在进办公室之前，她会先去一趟洗手间，把头发整理好，当她从卫生间出来之后，会留下一丝香水的味道。她对数据和信息收集着魔一般，可以不停地为此工作，不仅如此，她对个人形象和家庭安排也如此。她在圣克鲁斯和布宜诺斯艾利斯分别有一个家。她也很关心她的孩子们。"女人总是更辛苦"，她这么说不是自怨自艾，而是找个理由打断工作中的法律对话转而去问问女儿考试怎么样。

"你看，每天都是如此，很完美，一个女人知道这样有多难。"瓦雷利亚说，"每一个为人妻、为人母并且工作的女性都知道要很费力才能牺牲自己的休息时间或者业余时间，来换取完美的发型、无可挑剔的双手、熨帖的服装、装点鲜花的居室、照料很好的办公室并让团队的人都以一种不浪费时间的方式来工作。要把所有的事情都做好所需要的精力是……巨大的。一个男人？干什么呢？时不时去剪剪头发、穿上干净熨帖的衣服。然后呢，也就这样了。剩下的交给他妻子或者和他一起工作的人去完成。一个人在高压下工作是不会惦记着今天家里吃什么，或者儿子的数学考试怎么样的。所有的这些都太耗费时间了，没人能解释克里斯蒂娜是怎么挤出来的时间。当进入一户人家的时候，人们会察觉到这个家里是否有女人，因为家中细节的安排布置。在这点上，我总觉得非比寻常，因为她不一样。"

克里斯蒂娜有着不同寻常的能力，她可以把智力付出、女性外在美结合起来，她的这个特点已经多次出乎意料地表现出来。比如，在一次委员会的会议上，全体参议员以及很多媒体都出席了。瓦雷利亚的一个女同事玛利亚·贝兰·弗朗西尼给大家分发带有通告的文件夹。克里斯蒂娜在主席台上，她让人把玛利亚叫过来。玛利亚·贝兰来了之后，克里斯蒂娜给了她一个手势，让她走近点。克里斯蒂娜对她耳语：

"你看，你的裙子透光了。你穿这条裙子很漂亮，不是吗？但是它透亮。你得避着点灯光。"

就算克里斯蒂娜是个多面手，她还是不能阻止自己同内斯托尔的摩擦。当她已经是总统的时候，内斯托尔在奥利沃斯官邸里只是一个普通的丈夫，克里斯蒂娜总要不断地提醒他一些界限。在他们共同生活的最后那段时间里，迪耶戈·博西奥会去他们的乡间别墅看球和用晚餐。有一次饭菜有些问题，内斯托尔向克里斯蒂娜抱怨，她冷冷地回答：

"我什么都做了，这件事还该由我来操心吗？"

博西奥回到家的时候，跟瓦雷利亚谈到了吃饭时出现的意外。在他还没有说克里斯蒂娜是如何回答之前，瓦雷利亚就跟她的丈夫说：

"她什么都做了，这件事还该由她来操心吗？"

第十四章　卡塔马卡省的暴行

2003 年年初的时候，路易斯·巴里奥努埃沃与克里斯蒂娜·费尔南德斯同是参议员，但他们是对手，从中再次可以看出对庇隆主义的两种不同的理解方式。因为卡塔马卡选票箱的焚烧事件，克里斯蒂娜代表宪法事务委员会要求除去巴里奥努埃沃参议员的议员席位。

内斯托尔·基什内尔是总统候选人，也是当时的总统爱德华多·杜阿尔德的党内继承人。杜阿尔德总统一直在党内是反对卡洛斯·梅内姆的。使 10 月的总统大选提前到 4 月的真正原因是两名爱吹牛的党员遭到了暗杀，他们分别是马克西米利阿诺·科斯特基和达里奥·桑提严。在那个时期，杜阿尔德扮演了重要的历史角色，连他自己都评说是出色的政绩：他是在一场史无前例的经济危机之后被国会选出来的并力挽狂澜还国家以民主稳定。

在克里斯蒂娜和巴里奥努埃沃对抗的时候，他们都是有着双重的角色。她是叛逆的议员和总统竞选人的妻子，而他是布宜诺斯艾利斯的参议员，在体制内有着良好的政治关系，同时想当卡塔马卡省省长。基什内尔和梅内姆分别带领庇隆主义的两个阵营在 4 月 27 日的总统选举中交锋。

在卡塔马卡，省长的选举日期定在了 2003 年 3 月 2 日。在那里，梅内姆占据优势地位。实际上，在一系列总统选举之后，最后可以清楚地看出：在卡塔马卡省梅内姆-罗梅罗这对搭档获得了 49.59% 的选票；而基什内尔-肖利则仅收获了 13.56% 。

那个夏天，巴里奥努埃沃每周都乘坐阿根廷一家名为麦迪卡尔杰特医疗运输公司的飞机去卡塔马卡。正是这家公司的一架飞机在巴塞罗那被截获，飞机上满载着一吨的可卡因，机上人员被警方逮捕。2010年的时候，民众与社会阵线的女参议员玛丽塔·科隆博回忆起这两件事。这位女议员所在的党派正是2003年巴里奥努埃沃的人企图通过焚烧选票箱而阻止他们竞选成功的那个党派。

路易斯·巴里奥努埃沃当选省长的障碍是卡塔马卡省的宪法。第131条明确规定任何一名省长竞选人必须提供于本地居住四年的证明。巴里奥努埃沃不满足上述要求，因此，为了跨越这个障碍，他必须设计出一个能得到中央政府支持的策略。这个策略就是假装庇隆主义已经被取缔了。

在2003年年初巴里奥努埃沃就确定了他的战略。他坚持参加竞选，命令当地的正义党，让他们不许提名其他的候选人，当选举开始的时候，所有人——包括玫瑰宫——高声喊："取缔庇隆主义！"

在选举接近尾声的时候，巴里奥努埃沃意识到了自己将没有参选资格，他决定孤注一掷。他在4 000人面前说："无论如何，星期日我们都去竞选。他们得让我们去投票，如果不行的话，我们就抓上选票箱，拿到别处去投票。要么把票投给我们，要么谁也别投票。"

投票那天，《国民报》发表标题——《巴里奥努埃沃威胁将抢选票箱》，文章质询："路易斯·巴里奥努埃沃将无视省内法律到何境地？"

随着日期的临近，阻止投票的威胁也越来越大，杜阿尔德阵营跳出来支持巴里奥努埃沃阵营。巴里奥努埃沃的妻子格拉西耶拉·卡玛纽是劳动部的部长。尽管杜阿尔德更想保持沉默，但他还是张了口。据《国民报》报道："省长卡斯蒂约声明，已经就路易斯·巴里奥努埃沃威胁抢走投票箱一事向杜阿尔德总统汇报，但是国家元首回应无法确保选举的进行。'巴里奥努埃沃是我不能控制的人物'，这就是卡斯蒂约接到的杜阿尔德的回复。"

杜阿尔德政府的内务部长是霍尔西·马茨金，他也支持"取缔庇隆主义"的战略。马兹金的副手是克里斯蒂安·里同多，也回应说选举"缺乏合法性"，尽管现在他改变态度了。那时里同多对媒体声明，国家政府正在对"卡塔马卡省发生的所有事情进行预防性跟进"，但是提前表示了他对于"正义党候选人名单中没有资格参选的人"[1] 的担忧。

选举当天，一些暴徒从查卡瑞塔坐公共汽车来到卡塔马卡省。当地的庇隆主义已经做好了针对"取缔庇隆主义"这一战略的防护准备。如果国家总统已经同意了这个战略，为什么卡塔马卡人会质疑这点呢？这个可能算是一个典型的情况，从中可以看出体制的运转不仅有其自身的力量，还要使用基层和当局的力量来制造暴力。

逮捕15名庇隆主义的市级安保领导的命令在第二天被解除了。那15名安保领导随后直接关闭了投票中心。从凌晨起，恐惧就笼罩了卡塔马卡省。巴里奥努埃沃的追随帮派在大街上焚烧轮胎，阻断市民前去投票的道路，和民众与社会阵线的人扭打在一起，用瓶子互相攻击，还直接进到学校，抢走投票箱。

投票开始五个小时之后，卡斯蒂约省长终止了选举活动，因为他不能确保投票者的安全。卡塔马卡再次选举是在8月，但是在这之前又发生了很多事情，其中，克里斯蒂娜·费尔南德斯遭受了一次暴力袭击，她曾在一个为期两天的会议上要求把巴里奥努埃沃从参议院中除名，在会议当中还发生了奇怪的事情，如一些暴徒混在记者当中在民众席里穿梭，议院内还发生了突然停电的事件。

当选举活动暂停时，各大媒体纷纷播放了巴里奥努埃沃的追随者是如何在众目睽睽之下焚烧投票箱的摄像。在大选迫在眉睫的时候，这场暴乱制造出了惊慌失措的气氛。离大选只差一个月了。

---

[1] 暗指巴里奥努埃沃。——译者注

3月8日，在参议院召开了一场会议，吵吵嚷嚷地持续了8个小时，却没有得出任何一个结论。杜阿尔德政府集团和巴里奥努埃沃是一头的。大家一致决定将讨论推迟到当月26日，并委托克里斯蒂娜任主席的宪法事务委员会作出相关的报告。

3月16日，当委员会收集证据并分析巴里奥努埃沃这一案例时，克里斯蒂娜来到了卡塔马卡省参加一场竞选活动，该活动是由与基什内尔一头的副省长埃尔南·科隆博组织的。当参议员克里斯蒂娜前往费利佩瓦雷拉机场时，她和随从乘坐一辆小汽车和一辆面包车出发，但是道路被欢呼着"巴里奥努埃沃"的追随者给阻断了。两辆汽车差不多被拦截了15分钟，在此期间那帮人把车围起来敲车窗的玻璃，然后冲车里的人吐痰和谩骂，基本上都是冲着克里斯蒂娜去的，他们用非常侮辱性的字眼，如"狗娘养的叛徒"。

迪耶戈·布拉内约当时陪着克里斯蒂娜，当他回忆起这次旅程时，直言不讳地说道："那是我唯一一次为自己的生命安全感到害怕。我当时觉得他们要杀了我。"

他们先是乘坐面包车前往位于广场对面的省政府。政府被栅栏围起来了，广场上是巴里奥努埃沃的追随者们，他们大喊着反对克里斯蒂娜。从面包车上下来后要上一段台阶才能进入政府官邸。当时的指令是"下了车跑着上楼梯"。当他们开始下车的时候，扑面而来一阵"鸡蛋雨"。那场暴力运动使得卡斯蒂约省长评估后决定把那场在体育馆举办的竞选活动推迟一小时再开始。

"无论如何，我要去参加这个活动。"克里斯蒂娜对他说。

当他们后来抵达体育馆的时候，那里已经是人山人海了。副省长埃尔南·科隆博首先作了讲话，之后广播员宣布接下来是克里斯蒂娜。她靠近麦克风，此刻一排女人起身举着巴里奥努埃沃的标语牌，再次谩骂克里斯蒂娜并向她扔鸡蛋。其中一枚击中她的肩膀，碎在头发上了。这场暴行使克里斯蒂娜越战越勇，发表了时至今日仍能在音像档案中经常

可以看到的演讲,她说:

"军人的子弹未能阻止我们,现在黑社会的帮派也不能阻止我们。"

克里斯蒂娜以她的方式淡化了暴行的影响,她骄傲地站在那里,在演讲结束后说,鸡蛋可以滋养头发。

这时看上去一切都结束了,但实际上对布拉内约和随从中的摄影师而言并非如此。活动结束时,他们没找到回机场的汽车,独自留在了大街上。突然迸发出几声叫喊:"是他们!和克里斯蒂娜一伙的人!"布拉内约应声转过身来,看见来了几十个巴里奥努埃沃分子。他们两人想后退,但是体育馆的大门已经关上了。像警匪片一样,当人群压近时,出现了一辆车,他们两个立刻扑进了车里。人群向汽车投掷石块,把所有的玻璃都砸碎了。他们竭尽所能地启动了汽车,并驶向了机场,克里斯蒂娜在那里等着他们。

3月26~27日召开了参议院的例会,在会务单上列出了对巴里奥努埃沃除名的讨论。宪法事务委员会形成了建议这位厨师[1]除名的报告,克里斯蒂娜作为委员会的主席要作出主要发言。

克里斯蒂娜广泛而详尽地解释了巴里奥努埃沃是如何创造出他的战略,并在卡塔马卡省制造了盛行一时的混乱局面。她列举了所有和卡塔马卡省有相同条款的省份的宪法,揭露了那个说自己有权处理巴里奥努埃沃案件的联邦法官——其实根本没有权力——是正义党授权人的亲兄弟,分析了巴里奥努埃沃的人在卡塔马卡省织就的政治和法律陷阱。在一次紧张的会议上,发生了一些奇怪的事件。参议员巴格林尼要求发言并揭发他的同事在卡塔马卡的录像中辨认出暴徒中的一个人混在了记者当中。女参议员内格雷·德·阿隆索也揭发"所谓的安保人员正在制造麻烦,试图用几乎暴力的行为驱逐议员的顾问们"。参议员布里苏埃拉·德尔·莫拉尔肯定道,在他办公室的第三层总是周期性断电。巴里奥

---

[1] 巴里奥努埃沃是厨师工会的领袖。——译者注

努埃沃沉默了。

克里斯蒂娜发言中有这样几段话：

"我们坚持认为3月2日选举之前和当中发生的事情及其后果的直接、间接的责任以及政治责任均应由参议员荷西·路易斯·巴里奥努埃沃承担。

"我要挑战所有人、议会中的每一名参议员！应该在大家面前摆一台电视，看看卡塔马卡的录像，听听荷西·路易斯·巴里奥努埃沃是如何煽动人民去反抗的！他要去别处投票！我要发起挑战，也向那些所有看到这些视频、听到这些话语，然后还能对阿根廷民众说荷西·路易斯·巴里奥努埃沃与卡塔马卡省的事件无关的人！巴里奥努埃沃不配和我们大家一起坐在这里，他要求其他民众遵守法律和当局，他自己却是这个体制中做不到的那些人中的一个！

"这些录像将传遍世界，同样传遍世界的还有一张照片。在这张照片上这个国家的一名参议员手持投票箱，庆祝着因为暴力事件而没能进行的选举活动。

"他们对我们撒谎说没有人被捕。但是，现在我是以一名国家参议员的身份，坐在宪法事务委员会里，来倾听面包师联合会秘书长所说的，他是公认的巴里奥努埃沃参议员的朋友。八个人，都是不缴税的，恰巧在卡塔马卡省投票的周末跑到卡塔马卡省参加一个面包师大会。当巴里奥努埃沃被问到那八个人在卡西诺酒店被捕的时候正在干什么，他回答他们正在喝马黛茶。我也不知道他们还能干什么了。他们被从圣马丁带走，这里是巴里奥努埃沃参议员居住的地方也是他所属党派的驻地。巴里奥努埃沃参议员之前说那是谎言，说没有人被捕，也没有人出行。还有两名被捕的人员，他们的住处是参议员巴里奥努埃沃姐姐的家。证据就在文件中。

"这已经不是政党的事情了，也不是激进派和庇隆主义者的事了。那些以为保卫巴里奥努埃沃就是保卫庇隆主义的人错了。他们正在摧毁国家的法律。

"这个参议院在很久以前就被亵渎了，无论是有理由的还是没有理由的。德·拉·鲁阿时期的行贿、随后的检举揭发直到现在的这件事。如果我们不严肃地对我们的所作所为负责的话，你们认为议院还能忍受到什么时候？

"当2001年12月20日工作、正义和教育联盟垮台时，一些人以为只有那些激进党的人会受到抨击。但是，整个政治制度都受到了抨击。所有的：庇隆主义者、激进派、社会主义者、共产主义者、无党派人士……因为当人们对体制失去信任的时候，就不是一个政党的事了，从本质上说，就是人们还会不会再相信政治是民主的工具了。"

尽管有这么多论点和证据，杜阿尔德的政党还是拯救了巴里奥努埃沃，他并没有被除名。他们还是坚持了他们的"取缔庇隆主义"的理论。

第十五章　抵达玫瑰宫

位于墨西哥的首府墨西哥城圣瑞吉酒店是一座智能和超现代的塔形建筑，设计师是阿根廷的恺撒·佩伊。我现在站在这所酒店的第十四层的电梯前，等待着对克里斯蒂娜的最后一次采访。这一天是5月29日，也意味着我的交稿日期已经到了。合同里面写着应该是2月15日完成书稿。但是这是在内斯托尔去世之前签署的，正像我在前面写的那样，我曾提议取消计划，但是最终没有，我在这里写着这本书，有了新的截稿日期。这本书也有了新的内容，将加入克里斯蒂娜的寡居生活和失去爱人的痛苦。

内斯托尔去世之后的几个月里有关书稿的工作同克里斯蒂娜没有什么来往，之后迎来了在埃尔卡拉法特和她的一次长谈，随后，与她的联络又归于沉寂。她的生活每天都很激荡，充满了政府的紧急事务，这使我能理解对我的写书工作的推延，但是这并不能抑制我的渴望。克里斯蒂娜那边——我没有时间去搞清楚为什么——她更喜欢远离布宜诺斯艾利斯和我谈谈。也许她需要缓口气、释放一下、从她平时决策的角色中逃离出来，或者就是想换个环境而已。在这些交谈中，她吐露了一些从来没有在公共场合提到的事情。

我带着手提箱和日程表，准备陪着她去墨西哥和乌拉圭，但是在最后的时刻这两个行程又被取消了。此时各大媒体争相谈论她的身体状况，用尽各种形容词和医疗名词来描述她的症状，其实就是街头巷尾所说的低血压。然而，现在我们还是来到了墨西哥城，今天我看到布宜诺斯艾

第十五章 抵达玫瑰宫

利斯的各种日报上又说起她的"中暑"和"虚弱"。中午,我和克里斯蒂娜的随从们一起去了查普尔特佩克城堡,在这里墨西哥总统菲利普·卡尔德龙邀请大家享用午宴。当时天气非常闷热,墨西哥的礼节是给每个受邀的女性面前的盘子里放一把扇子。菜品有莫雷❶和用可可、香料以及辣椒做的鸡肉。炎热的天气和辛辣的食物,此时有把扇子简直太好了。这是一场有墨西哥乐队伴奏的午宴,女人们都靠在椅子里,不停地展开她们的扇子。一切都很美妙。但是克里斯蒂娜举着黑色扇子的照片被一些阿根廷媒体解读为身体虚弱和时好时坏的信号。这比天气更令人发闷。

我现在又有了新麻烦,因为我下午7点就要回布宜诺斯艾利斯了,而克里斯蒂娜8点要赶往罗马。可是直到现在我都没能采访上克里斯蒂娜。我确定,要是我再不能采访上的话,就要坏事了。也许我也要低血压了。当我站在14层的三个电梯门前面的时候,已经是下午6点了。我只有一个小时的时间,这是此行的最后一个小时。这一层是总统下榻的楼层,安保人员刚刚下去邀请我上来的。礼宾司的人不久前曾给我打了一个电话:"您6点的时候到14层,正对着电梯门等着,别走开。"

我随身带着打包好的行李箱,这样就可以在7点的时候跑着离开去赶我的行程。但是现在6点了,她还没有到。此外,我也会自问,她怎么能到呢:一大早她要签署十个双边协议;中午要和卡尔德龙共进午宴,午宴的结束时间是4点;然后她要会见居住在墨西哥的马尔维纳斯战役的退役士兵;随后又要和阿根廷的科学家们见面。我想:如果是我的话,早就累死了。

我站在电梯前,听见监视我的那个手持对讲机的人对我说:"她已经上来了,从M号电梯。"我正好站在M号电梯之前。我把后背靠在墙上,让自己放松。她上来了,就是现在。

---

❶ 巧克力辣沙司。——译者注

突然电梯的门打开了，我看见了她。我和她正对面，就像之前那个礼宾司的人指示我的一样。她笑了：

"你看，你这是在哪儿呢，为了让我别逃跑，是吧？"她对我说，并对我做了个手势，让我跟上。

我们来到一个客厅，我都没注意到她是否给我指了一个座位，就像在埃尔卡拉法特那次一样。我太着急了，直接坐到了她的旁边，掏出了两个录音机。与此同时，她把自己安顿好，我听到她对侍从说：

"给我们端些咖啡来，姑娘们，再来点好吃的，巧克力糖。我只喝咖啡就行了，要不然，等我到了意大利，连衣服都穿不进去了。"

克里斯蒂娜心情极佳。她身着黑纱的连体衣，很宽松，低胸圆领口，系着漆皮的宽腰带。我观察她是不是把高跟鞋脱了，我和成千上万的女人都会在繁忙的一天工作之后脱掉高跟鞋，但是她没有。她问我这本书的事。两个月之前，我曾经给她发过去两章，让她看看行文的基调。那时她还没约见过我，老实说，我是有和她见面的企图的。我发过去的两章中的一章是关于格拉蒂丝和奇切的。我在里面说，在1974年的那个年代，那些拉普拉塔的大学生们没有在餐厅吃饭的习惯。她把复印件寄回来，只有一个标记，有个小箭头指着一句话"不，那时我们在外面吃饭"。

我们坐在椅子里，边桌上是咖啡和巧克力糖，我对她说我想谈谈2003年，当时她作为第一夫人的角色。

"这个角色从来就不存在，"她断然地回答，"我知道这很难理解，但是我们从来都是一起工作。不论什么时期和我们当时是什么样的角色，我们都是一起协商然后做最后的决定。我从来没有觉得我是通常意义上的'第一夫人'。我们两个人的长处就在于我们两个不会同时失去理智，我们总是可以相互缓和情绪，现在也是。你可以问这个女人现在一个人是怎么做到的。好吧，他的离去迫使我不能疯掉，他的离去让我痛苦，痛苦万分，但是同时他的离去也让我保持冷静。我觉得这也是一种自制，一种我对他的承诺。我对自我的控制总是比他强。我们女人就是这样，我们被教会要控制自己，也被这样训练。现在我独自一人，尽管他离去了，却还能继续帮助我缓和情绪。"

内斯托尔·基什内尔和克里斯蒂娜在90年代末的时候创立了卡拉法特集团。之后在2003年，内斯托尔成了总统。卡拉法特集团聚集了反对梅内姆主义的庇隆主义领导者们，在文件和每周的讨论中，他们勾勒出最终的政治目标，直到在2003年达到了政权的巅峰。但是登顶之前要穿越一个充满疑问和排除干扰的时期。其中首要的是要把爱德华多·杜阿尔德变成卡洛斯·梅内姆"再次参选"的主要对手。内斯托尔和克里斯蒂娜支持杜阿尔德－奥尔特伽这组竞选搭档，但是被德·拉·卢阿－阿尔瓦雷斯一组击败了。卢阿－阿尔瓦雷斯这组搭档是代表工作、正义和教育联盟阵营的，他们通过察丘·阿尔瓦雷斯表明庇隆主义已经转化成了国家团结阵线❶。但是从人民的角度看来，无论是这两组竞选搭档的哪一组，无论是党内的还是党外的，都没有说服力。这种看法引起了恐慌，很快这些人就说"让他们都滚吧"。从这两组竞选搭档中都能看出来2001年的经济危机之前阿根廷可怜的政坛情况。

克里斯蒂娜回忆起这些年的竞选总统的辩论、疑问、与杜阿尔德集团的联合纵横以及通往总统之路时突然出现的道路拓宽的关键时刻。

"当杜阿尔德支持我们的时候，所有的事情开始有起色，仅仅是有起色。至于可能性，我一开始也不能相信，但是当杜阿尔德－奥尔特伽在竞选中处于第二名的时候，我没有疑虑了。从那时起，我就确信内斯托尔会成为总统。太突然了，我不能立刻适应一些情况。我需要时间，不用很久，但是我需要。"她说着，我想在我们谈论这些的时候，她还不是以一个总统候选人的身份说的，"当内斯托尔成为总统的时候，我失声了四个月。刚开始是发声困难，后来就失声了。那是我脆弱的时刻。

---

❶ Frepaso，Frente del País Solidario，国家团结阵线。——译者注

在高压的情况下，比如，在卡塔马卡省的暴乱中，我就发生了这种情况，但是从来没有像这次这么强烈。我去看医生，做嗓音检查。医生们跟我说'女士，您是个大嗓门儿呢'。结果就是什么病也没有。一天我在议院，参议员玛贝尔·缪耶尔对我说：'快别想了！这就是应激反应！当我跟我丈夫和孩子们打架的时候也会失声。'就是这么回事，这是我自我调整的方式。在内斯托尔就职之后，我们想去洪加尔－乌拉圭大街的公寓住四天。你不能想象那是怎样的。在那个街区的楼房里没有什么庇隆主义者，先生们和女士们不能出外遛狗，因为门口挤得都是人群和保安。他们想把我们赶走。我们就又去了奥利沃斯。那是在2003年5月29日，建军节那天，你看，我那时失声了，得用手比画着说话。在奥利沃斯，我站在官邸的大门，看着喷泉，看着水面，静默着，独自一人，试图体会和适应我在哪里，我们在哪里，我们已经来到哪里了。"

当她和我谈到她的嗓音和情感重压时会发生的发音困难，我问她是否几天之前的5月25日发生了一些同样的情况，那是在查科，在一场演讲里她哭了，她的声音哑了。八年前的那天是内斯托尔就职总统的日子。

她说八年前的那天对她而言不是容易的一天。她记得那个时刻，她坐在参议员的席位上，而不是留给第一夫人的位子上，看着她的丈夫宣誓。她说她不是以一个妻子的身份去聆听的，而是以相伴一生的党员同志的身份。她说她知道那天将是艰难的，"但是我没想到会有多难，从来没想到会那么难"。从那天起，她的声音就哑了。

她对我说，是的，她发声困难就是因为这个。最近的这个5月25日是第一次没有他的5月25日，对她而言太难了。为此，她说了更多：

"我当时非常激动。他们批评我，因为我没有提到爱国者。他们的批评对我并不重要。科奇·卡皮塔尼奇谈到了贝尔格拉诺和莫雷诺。我需要谈谈内斯托尔。那是我第一次在5月25日独自一人，八年前的这天他就任了总统一职，我想谈谈这个。"她说，并支起了身体，提高了音调，

第十五章 抵达玫瑰宫

"因为那天，当他坐在国会里，读着他的就职演说，没有人相信他。除了我和在场的其他几个蠢人，没有人相信他能做到他所说的那些。你去读他那天的演讲，那真的就是他后来的政府。"

在他的这次演讲和他之前的演讲中，都有卡洛斯·撒尼尼和克里斯蒂娜的工作在其中。在他就职前一天，他读了演讲稿，然后把那些纸扔在地上，与此同时不停地在洪加尔寓所的客厅里走来走去。"我不会去读这个的。"他说。因为他不喜欢那种腔调和用词。"这就是垃圾。"他重复道。撒尼尼和克里斯蒂娜开始重新起草，直到后半夜才完成，那时就已经是 25 日了。克里斯蒂娜加上了一句他在 5 月 14 日发表的演讲中的一句话，那天梅内姆在一片指责他玷污了选举的声音中下台了。这句话将成为内斯托尔代表性的一句："我不会把我的信仰扔在玫瑰宫门外。"

这是克里斯蒂娜另一个出人意料的地方，她有想法，也可以把这些想法写出来，添进内斯托尔的演讲中。因此，那时候就有人说，实际上是她在执政。他们两人角色的扮演让那些政治评论家们众说纷纭。当他执政的时候，他们说是她在背后操纵；而当她执政的时候，他们又说是他在背后操纵。2003 年，她还没有开始执政，但是能够理解并把他们二十多年来的想法落在纸上。"演讲谈的是价值观，不是许诺。我们从没有想过要去许诺地铁线或者学校的数量。学校自然会去建，也会在落成之后办典礼，但是不会放在演讲里去许诺这些事情。"

2003 年 5 月 14 日，卡洛斯·梅内姆退出选举，这使得内斯托尔·基什内尔以 22% 的票数当选为总统。

"你要做一个明确而坚定的演讲，"克里斯蒂娜说她当时是这样对他说的，"我去了洪加尔的公寓，把演讲稿一气呵成地写了出来。内斯托尔和阿尔韦托·费尔南德斯[1]到了之后，他们读了稿子。'这个演讲很有

---

[1] Alberto Fernández，内斯托尔的内阁总理。——译者注

力，是吧？'他对我说。后来《国民报》的克劳迪奥·埃斯克里瓦诺写道，内斯托尔应当把写这个演讲稿的人开除。但是这发生在克劳迪奥刚刚和我们谈好条件之后。"她挖苦地说。

5月15日，《号角报》发表了演讲的全文，题目是："内斯托尔：我来这里不是为了和过去妥协"。这句话也是他就职演说中的一句，意思是不仅要保持本色，还要让人清楚地明白八年之后，这些未曾改变的理念就是基什内尔主义。那天，内斯托尔说道：

"我来这里不是为了和过去妥协，不是简单地为了和一些领导层达成协议，我也不会去做财团的猎物。阿根廷的人民，请相信我已经决定把这页历史翻过去……我们这代人不会向迫害低头，也不会屈从于我们国家最大的专制制度。没有原则的领导阶层把阿根廷人的尊严拱手相送，让我们长期屈服于不平等，我们既不会妥协，也不会改变方向。我们拥有支持我们政策的那些人的力量，因为我们相信，我们的国家能够改变。我们带着政治信念、理念和理论上台，终将会缔造一个不同的国家。我不会把这些信念以实用主义的名义扔在玫瑰宫的大门外。"

2003年的总统大选正如那年计划好的那样，要在不同的模式之间展开冲突。但是还要经过很多年和经过很多事，才能让国家模式的理念被人理解、相信和让人们投出一票。这些理念源自90年代、源自2001年，也源自庇隆主义。基什内尔那时还是一个在全国范围内没有什么影响力的候选人，但是杜阿尔德支持他。然而，在竞选的尾声，在马坦萨，基什内尔深刻地分析了一个崭新的经济和政治模式的提议。"4月27日，人民要在两种不同的模式之间作出选择。一个是经济集中模式，这种金融部门模式是给人民带来饥饿、工作岗位缺失的模式，是一个绝望和苦闷的模式，也是扰乱梦想和希望的模式……另一个模式是无数的怀有不同思想的阿根廷人达成一致的一条国家和人民的阵线；这是对生产力和工作模式的再建立，涵盖全体人民；也是让劳动者的孩子们重回大学、让中产阶级和劳动者阶级在即将到来的历史中能够改善生活的模式。"

"每次演讲前,我都会问他想要说什么以及哪些是他想突出的重点。之后我们就为这些重点下功夫。"克里斯蒂娜说,"还有一句话也很有力量,那是他在联合国发言时说到的,'我们是五月广场母亲和祖母的孩子们。'这是他想到的。但是我的婆婆特别不喜欢这个说法。"她笑着说。

外债与独立

克里斯蒂娜要在墨西哥城停留两天,第一天的晚上,世界上最富有的男人卡洛斯·斯利姆邀请她共进晚餐,地点选在以他过世的妻子索马亚·多米特命名的博物馆里。索马亚博物馆形似一个巨大的蘑菇,外墙覆满了镜面。博物馆里的空间有的很大,有的是白色的,还有的是弯曲的。里面容纳了6.4万件艺术品,不收门票。斯利姆很自豪地在这里为阿根廷女总统尽地主之谊。

晚餐的桌子布置在一层。从我的位置——主桌的背后,能够看见一段白色宽敞的台阶,在台阶的转角处摆着一尊米盖尔·安赫尔的虔诚❶的青铜仿制品。斯利姆有一只胳膊不能动,贴在身体一侧,没有套在袖子里面。他得过一次急性的血管疾病,从此以后总需要随身带着一个除心颤的装置。

我和格洛丽亚·毕德盖、莉莉娅娜·马苏雷坐在一桌,我们一直不停地说话。后来来了6位墨西哥男士,这样桌子就坐满了。一位60多岁、一位50多岁、一位40多岁的单身男人还有三个15、16、17岁的少年。我们做了自我介绍,然后问他们为什么会来这里。他们告诉我们,他们都在斯利姆先生不动产交易的领域工作。随着夜晚的来临,谈话开始放松起来,我们得知原来他们都姓斯利姆。其中那几个少年,是斯利姆的孙辈,他们正在学习进入艺术和生意的领域,而那个五十多岁的男

---

❶ La Piedad,圣玛利亚怀抱耶稣尸体这一题材的艺术作品的统称。——译者注

士正是设计索马亚博物馆的工程师。在饭后甜点和咖啡时间，出于礼节，他们把我们带到了六层去参观，那里摆放着罗丹和克劳德尔的作品。

讲话时间到了的时候，首先发言的是斯利姆，他赞扬了阿根廷经济发展的方向和"人们的购买力"。他在众多的头衔中的一个是克拉罗（Claro）公司的老板。在他之后发言的是克里斯蒂娜，她说阿根廷是拉美拥有手机最多的国家。随后着重讲了内斯托尔的政府，其中作出自己的经济决策是关键，包括债务减免与取消、在国际货币基金组织面前的重新定位。

在酒店的采访中，我再次向她提起了这个话题。这个其实是那个从南方而来、还不太为人所知的总统候选人手里的一张王牌，而这张王牌就夹在他那个知名的素描本里。

"但是，这不仅是一项政府的决策，也是一种生活的态度。"克里斯蒂娜说，"他痛恨债务。他在私人生活中也从来没有外债。自从我们结婚，我们就有积蓄。这和他身上的移民文化有关：有积蓄、不欠账是一条价值观。不是他发现了一条经济理论，他也不是通过阅读经济学得来的消除债务的理念。对他而言，在个人生活中适用的逻辑也同样适用于整个国家。这就在他的基因中。显然他把外债看做国家在这个历史时期最大的限制条件，还有要向国际货币基金组织偿还的贷款也是……这些在他的头脑中不停地旋转、旋转。当卢拉告诉他她有同样的想法和她要去做的事情，他说'就是现在'。阿根廷几乎和巴西是一致的。他是带着积累储备的想法就职的。他这一辈子都在干这件事，攒钱以获得安全感，也就不用求任何人了。我记得有一次，在我竞选代表布宜诺斯艾利斯的参议员席位时，我们在埃塞萨，他和阿尔弗雷德·科托聊天。他说：'阿根廷的发展需要有 500 亿美元的储备。'在那时，听起来还很夸张。那时是 2005 年，我们只有 200 亿。但是，那个目标现在已经实现了。"

我问克里斯蒂娜，在内斯托尔的一生中，他对于经济的兴趣是不是大于权力。她笑了。

第十五章 抵达玫瑰宫

"不！他和卡瓦约争吵之后发现自己缺乏理论工具，于是就发疯了一样阅读和研习经济学。他们争论第一财政条约，吵得非常厉害，几乎快动手了，那是在联邦投资委员会里。那是1991年，他才当上省长。卡瓦约严厉地斥责他。显然：阿根廷政治家的一个特点就是不懂经济。你看杜阿尔德。阿尼瓦尔·费尔南德斯跟我讲，杜阿尔德曾对他说过，经济让他感到厌烦。'但是您别这么说，经济怎么会让您厌烦呢？'阿尼瓦尔对他说。他们总是把经济留给经济学家。当内斯托尔不能就货币兑换性跟卡瓦约想谈什么就谈什么的时候，他开始读书。他不是读一本、两本或者四本，而是把读书当成工作的一部分。不停地读啊、读啊、读啊。要把经济学理解到可以下决策的地步。这就是实践与理论，没有其他的办法。"

克里斯蒂娜继续笑着，在这样一个墨西哥城里的不同寻常下午，时间过得飞快，已经接近她飞往罗马和我飞往布宜诺斯艾利斯的航班时间了。说完那些之后，她笑了是因为说到数学，它总出现在基什内尔家庭生活中，其中主要的推动力就是她的婆婆。

"我的婆婆对数字很痴迷，她会给孙辈的孩子们灌输数学运算表。艾丽西亚的女儿娜塔莉亚和罗米娜，还有马克西莫，他们会比我给你讲得还好。马克西莫在往地上扔着玩他的玩具小士兵的时候，奶奶从旁边过来，会忽然问他'8×8等于几？'一会儿又路过的时候，会抓住一个女孩子问'4×6呢？'他们就是这样被她养大的，她也是这么养大内斯托尔的。他可以默算，在脑子里就能算乘除法。这个家庭就是这样的。"

回忆把她带回到了奶奶教马克西莫数学运算表的时候，带回到了圣克鲁斯，那时她的丈夫对她许诺将会成为他们省的省长，他也实现了这个诺言。克里斯蒂娜的习惯是把话题从个人生活转到国家上。这次从她婆婆教数学跳到了1991年的阿根廷。那时的阿根廷和10年之后的阿根廷是那么相似。

"很奇怪,当他任圣克鲁斯省省长的时候,那时的情况和这个国家2001年的情况非常相似,几乎就如同一件复制品。那时圣克鲁斯有10亿美元外债;罢工超过100天;孩子们停课了,只是按照法令升学;医疗和社会保障都不运行了。当内斯托尔上台的时候,公务员已经两个月没领工资也没领过节费了。有一些债务是欠政府供货商的。一场灾难,完全是一场灾难。内斯托尔要着手整顿,因为在此之前,他就是搞财务的。在他第一个任期内,圣克鲁斯省的债务就一点点减少了。他开始利用补贴作为一种刺激经济薄弱部门的工具。从那时起就能看出他想加强国内市场的倾向并让工作重新回到正常秩序上来。嗯,这些是大的方针政策。"

关于内斯托尔的好斗,也是她所具有的,人们对这点的指责藏在"激愤"(crispación)这个词的背后。克里斯蒂娜否认了这一点。

"如果你观察他,你会发现他不是一个好胜斗勇的人。只有在不得已的时候,才会发生争吵。如果有人逼他,他会以死抗争。就是这样。他不会低头,比如说,当我们和杜阿尔德的人讨论布宜诺斯艾利斯的事时,那时要把我推出去竞选参议员,我们来到阿尔韦托·费尔南德斯的办公室开会,他们到了,来讨论名单的事。是蒂亚斯·班卡拉里先为了杜阿尔德主义吵了起来,你去问问他——他也在墨西哥之行的随从里面——他目睹了那次争吵,不是我们挑起来的。杜阿尔德决定放弃了,然后内斯托尔说'啊,就这样还是什么都不做了?好,那就什么都不做了。'然后让我退出了竞选。当我们去吵架的时候,是因为我们不得不去。所以当我们只是在压力下毫不退缩的时候,不能指责我们是好斗的。"

谈到了"激愤"这个词,后来一个庇隆主义的博客把名字改成了Cris Pasión❶。我们之间的谈话已经非常接近2007年了,那时克里斯蒂娜是候选人,后来成为阿根廷历史上第一个民选女总统。这时我看了看表,

---

❶ Cris Pasión 和 crispación 的读音相同,但意思不同:Cris 是克里斯蒂娜名字的缩写,Pasión 是热情的意思。这是一个拥护克里斯蒂娜的博客。——译者注

第十五章 抵达玫瑰宫

已经 7 点了。我得动身去机场了,她也应该准备启程去意大利了。

有个人走近我告诉我说他们"给我准备了'快速密封舱',那是一种可以使总统准时到达的安全措施",好让我能赶上飞机,这样我就可以再延长半小时的采访时间了。我试图让自己再放松一下,我偷偷看了一眼夹心糖的盘子,就像在埃尔卡拉法特一样,我却没胃口。她,相反的是,又要了一杯淡咖啡,然后问我:

"我们继续?"

第十六章 政府、斗争与决策

"2008年的时候,他们想罢免我。是的。对此我毫不怀疑。他们不想让我当总统候选人。其中最核心的反对者是《号角报》集团。该集团的首席执行官马格内托来到奥利沃斯官邸拜访了内斯托尔,对他说他们不想让我当总统候选人。这件事让他们弄得尽人皆知。而我本人是后来才知道的……你去问问弗洛伦西奥·兰达索,让他告诉你怎么回事。当他已经接受由我当竞选人的时候,菲利普·索拉说,'不,不能这样,你看,我跟阿尔韦托·费尔南德斯谈过,他跟我说不行。'兰达索告诉他,'但是,你看,我跟内斯托尔说过,克里斯蒂娜是候选人。'但索拉还坚持对他说,不能让我成为候选人。《号角报》集团施加了很大压力。这我知道,但我不知道的是,该集团的代言人还是我们内阁的首脑。

"2008年,125法案从一项单独的政治决策变成了所有经济、社会模式讨论的焦点。因此,我说,我们是被迫出击的。当时的形势迫使我们为捍卫政府而战。那年,你打开电视,听听是怎么说我和基什内尔的,他们对我们的评论是史无前例的。他们未曾这样说过其他人。我可以在演讲中展开一些强硬的话题,但只是意见与见解。而他们报以我的是人身攻击,一轮接一轮。他们甚至剥夺了我自我辩护的权力。比如,当我批评萨瓦特的漫画时,在他的漫画里,我的嘴被堵住了、脑子里是内斯托尔在指挥;而漫画中的莫亚诺,他的双手被绑住并沾满了鲜血……但这样不行,即使是一个出色的漫画家,也应该有创作的底线。就此事我们和奥拉西奥·维尔比斯基有分歧,他跳出来说,'不,别批评萨瓦特.'但是为什么萨瓦特可以这样对我？而我不能评论一张侵犯我的漫画呢？为什么这些出色的漫画家不给同魏地拉❶握手的诺布雷夫人❷画一张漫画呢？关于这个话题，不能说、不能看吗？还是要装聋作哑？

"内斯托尔站出来捍卫我，当然，尽管他厌恶鲁斯陶。为了避免给我造成政治代价，内斯托尔在他的任期内提高了征税。125法案这一举措是由鲁斯陶带来的。我们曾经咨询过阿尔韦托·费尔南德斯，我们问他是否对鲁斯陶有把握，他回答是肯定的，他说大豆方面不是问题，有问题的是玉米和小麦。就是这样，他甚至都不明白收益到底在哪里。我现在还在自问，为什么我提名了他，为什么阿尔韦托也……我曾作出过两次错误的委任，我认为这是我在管理上的失职。这两人分别是鲁斯陶和卫生部的格拉西拉·奥卡尼亚。我的职责是职务的委任，但我在这两起事件上表现出了经验的缺乏。我并不怀疑他们的忠诚，也不对其本人进行批评，只是说对他们的委任是错误的。奥卡尼亚在处理A型流感和登革热期间……不应该让一名非医务工作者来担任卫生部部长。她接受这一观点。她在辞职的时候表现得很成熟，她承认我对她的任命是个错误，而她当时也不应该接受这个职位。

"2008年，我和内斯托尔总是互相指责，这一年是争吵的一年。那时候，他把鲁斯陶辞职书摔给我，我回复他：'我可以让鲁斯陶走？但是我怎么对待科沃斯呢？他可是你给我的人。'就这同一件事，我们吵过许多次，以至于后来的争论都简化了。他说：'你和鲁斯陶'，而我就反驳，'你和科沃斯'，然后他就闭嘴了。可怜人啊！

"2008年7月17日的早晨非常可怕。那是科沃斯投反对票的日子。我们当时在奥利沃斯，和科尔乔·斯科奇马洛一起看电视辩论。有一刻，我再也忍受不了，开口说道：'我要去睡觉了，我已经明白科沃斯会投什么票了。'我确信科沃斯会给我们投反对票的。女人总有一种敏感的

---

❶ Videla，阿根廷军人独裁者。——译者注
❷《号角报》创办者诺布雷的夫人，诺布雷死后由其继续掌管该报。——译者注

直觉，一种特殊的能够感受到背叛的基因。内斯托尔说，不会，最后一刻科沃斯会给我投支持票的，因为他也是我们政府的成员。我上楼去了，他们几个人在楼下待着，继续看电视节目。我睡着了，清晨5点钟，我醒过来，碰了一下床，发现另一侧是空的。他在哪儿呢？我问自己。你看，我匆忙就下楼了，还穿着睡衣呢。而后就看到他极度痛苦地坐在沙发上。有些事情是不该原谅的，这不是从个人角度，而是从历史角度来看。我抓住他的胳膊，对他说：'你现在给我睡觉去，听见了吗？现在就去。'他深陷在不安之中。其他人看到我的脸，也连忙说道，'是，是，我们马上都去睡觉。'我把他拉到床上。他觉得他让我受到伤害了。入睡之前，他对我说的话，我永远都不会忘记。他对我说，'我觉得我已经不能保护你了。'因为陪在我身边的这一生中，他一直非常努力地保护着我。可我有时候还会因此而愤怒，因为他这样对我，好像我是玻璃做的。不过，夫妻之间就是这样。丈夫总想去保护妻子。好吧，也不是所有丈夫都这样。我遇到了这样的伴侣是莫大的幸运。

"当我遇到攻击的时候，我真的毫不迟疑。这是很正常的。我们一刻也没有想过退缩、妥协或者组建一个孱弱的政府。我说的是我从一开始就说过的话，是信念、是我觉得对这个国家最好的东西。我坚定地说，假如他们打倒了我，可能是因为我的所思所行，而不是因为我不敢有所作为。他们不会是因为脆弱而打倒我。我不想成为阿方辛，他做了那些自己不愿做的事情之后还是倒台了。而我绝不会是这样。也不会是因为愚蠢，因为对手们低估了我。

"那时我和民主无线广播联盟已经进行了几次会议。该联盟曾多年致力于制定媒体法的21项条例。我当时想了解一下内情。阿尔韦托·费尔南德斯问我：'你要用这个干什么？''什么也不干。'我回答他，'我就是感兴趣。''你看，《号角报》集团对此就不感兴趣。'他对我说。我说：'我做这件事和《号角报》集团感兴趣与否无关。'有好几次，我们进行了类似的对话，剑拔弩张。当时我是这样结束我们的对话的，'假如《号角报》集团不感兴趣,那么跟你又有什么关系呢?'而后我开始与联盟一起发奋工作,不过我想他们当时也不认为我们能有所进展。没人相信我们敢做这项工作,说实话,没人相信。

"大家也不相信'全民足球'这项计划。实际上,假如从风俗的转变和改革的视角来看,这项计划是非常强有力的。在这个国家,曾经有20多岁的男孩子因为贫穷,从没在家里看过一场球赛。他们必须前往服务站的酒吧里,才能看上一场比赛。家中没有有线电视的人,必须离开家门才能看球赛。你看,有一种说法,叫做'面包和马戏',❶ 但是穷苦人连这些都没有。没有有线电视就没法看球赛,也从没见过一个进球。这种情况已经成了稀松平常的事。简单说来,'全民足球'就是一项看得见的民主行动。因为它改变了很多人的生活。今天人们可以在家里看足球了。这项计划的影响超出了我的预料。当我们准备作出这项从未有人作出的决定时,阿根廷足球协会的领导们都很吃惊。有个人——出于保护,我就不提名字了——跑来告诉我:'我可以帮你联络。''那你就去吧。'我告诉他。两天之后,我们和格隆多纳以及其他的领导在奥利沃斯见面了,那是晚上10点左右。当我们交谈的时候,我与格隆多纳正面交锋,我问他:'如果其他人肯比政府出更多的钱,您会接受吗?'而他回答说:'不,夫人,我只愿与您合作。请不要怀疑我的话。'于是我决定相信他。

"另一个决定性的措施是收复工人的权益。起初这件事看似不可能成功。但我认为,我们能做成是因为2008年的经济危机起到了推动作用,彼时全世界都在走下坡路。因为这件事,我对阿玛多·博多的评价很高,正是他给我带来的这个想法。内阁首脑马萨给我打来电话。他有个特点……当有什么事超出掌控的时候或者他感到紧张的时候,就会笑个不停,但几乎有点歇斯底里,可怜的家伙,笑得停不住。那天他给我打电话的时候,都快笑死了,他告诉我他正跟阿玛多在一起,还说阿玛多一定是

---

❶ 指政客们安抚民众的伎俩。——译者注

疯了，他们有个想法要跟我商量。那好吧，我告诉他，来吧。我们一起去了内阁办公室。没错，那是个节假日。因为他们是穿着运动服来的。两个人来了。阿玛多跟我说话的时候，马萨还在笑着。阿玛多说：'总统阁下，世界不会变回原来那个样子。我们谈谈退休养老基金管理处（AFJP）吧。'我问他是什么情况，他开始把资料一页一页地摊开，为我解释。而旁边的马萨，几乎要笑死过去了。我对阿玛多说：'我喜欢这个想法，但咱们把基什内尔叫来吧，看看他怎么想。'因此我们就给他打电话，让他来。我们坐在我的办公室。内斯托尔来了，站在后面中间的位置，阿玛多又开始一页一页地摊开，给他解释退休养老基金的计划。在那时，国家付给 AFJP 60%，以便 AFJP 可以支付最低标准退休金。我永远不会忘记那个时刻。内斯托尔一直沉默着聆听，当阿玛多讲完后，他仍旧一言不发。而后，他先是伸出手来，而后握紧阿玛多的手，对他说道：'我完全赞同。'对我们而言，那一晚非常重要。

"实际上，此前内斯托尔已经考虑过，我想他甚至已经和拉瓦戈纳分析过预算基金的恢复，但是那时他还不敢。两年间，我们让基金翻了一番，而别人做到这一点用了 12 年。这让人印象深刻。我们所做的事情之中，有许多曾被前人构想过，但他们不敢付诸实际，比如普遍配额计划、预付调整、航空线国有化、同性婚姻，等等。每一项计划付诸实行时，都有人批评我们是投机主义者。但这些都是我们自己的想法。比如，在同性婚姻一事上，他们说我们是投机主义者。但很幸运的是，出现了一份曾经的报告，那是胡安·卡斯特罗给时任省长时的内斯托尔写的，他宣称支持同性恋夫妇收养孩子。无论如何，我们利用的是权力创造出来的机会，我们不会错过这些机会。内斯托尔在就职演讲中使用了这句话，但这句话是我写的，而且我也永远是这么想的。谁也不会终于实现了这一步，却把自己的信念抛诸门外。"

突然有人走进房间，女总统朝来人点了点头，神态平和。或许她聊得很畅快。但我没有时间问她是不是这样，因为她吻了我一下就走出去了。我把录音笔收到包里。有人告知我："请取上您的行李箱，两分钟后到达大厅。"我照办了，两分钟后我远远地瞧见她穿着黑色大衣。大厅里一片嘈杂，不少人接着电话并高声呼喊；大厅之外，是一队轿车和商务车。我跟着的人朝我做了一个手势，指示我登上车队的最后一辆，那是一辆灰色的皮卡。那人还告诉我，开到最后一段路的时候，这辆皮卡将拐弯把我送到商用机场。

我刚一上车，就听到司机按响了门口的安全装置，好像这个装置发出的声音是让所有车辆启动的信号。"快速密封舱"车队行驶起来，我们的车后面跟着一辆救护车，救护车之后是巡逻车，后面的车辆自动跟上前面的。似乎是游乐场上的游戏，又似乎是在墨西哥城全速滑动的一只毛毛虫。警察戒严了每处街角的交通。在全世界所有国家的所有总统出行时，都会如此安排。但在这里，在墨西哥城，❶ 以这般的速度驶向机场，却是非比寻常的，以至于司机高声喊道：

"天啊，真是太爽啦！"

阿根廷独立二百周年庆典

关于阿根廷独立二百周年的庆典，克里斯蒂娜在埃尔卡拉法特曾向我提起，而关于阿根廷独立二百周年博物馆——已经揭幕——在墨西哥时她也同我谈起过。首先她跟我说起 2010 年 5 月 25 日的庆典活动是如何组织的，后来又说到如何在墨西哥作出了保护壁画家西盖罗斯作品的承诺。现在这个作品是二百周年博物馆的瑰宝。正像她后来明确的，西盖罗斯的这个作品实则还成为推动另一个想法的工具，这个更为宏大的想法就是讲述阿根廷的历史。

2010 年规模宏大的庆典掀起了近代历史上的一场高潮。或许在那些时日里表现出来的精神、肉体和情感上的热情证明了阿根廷不是活在那些大型媒体炮制出来的愤怒气氛中。在祖国独立二百周年的庆典上，人

---

❶ 墨西哥城的堵车情况非常严重。——译者注

们情绪高昂激奋，这是一个人、也是万千人难以磨灭的经历。

在埃尔卡拉法特，克里斯蒂娜开始向我讲述这场节庆的准备活动，当时她是为了找个例子说明，她本人并非疯癫痴迷，而是一个凡事力求完美的女人。一场会议接着另一场会议，关于这个话题的讨论在玫瑰宫总是永无休止的。

之前从未出现这么多的变化，这是美学和象征意义的变化。在克里斯蒂娜的总统任期中，她为"妇女之厅"揭幕，为"拉丁美洲爱国者之厅"揭幕。但最为壮观的创新是重新开放以前的泰勒海关——坐落在布宜诺斯艾利斯城肇始的地理位置点上，并在其中安置了墨西哥壁画家西盖罗斯被修复好的作品。

关于这两个案例，克里斯蒂娜的讲述都集中在她是如何进行组织工作的。她讲得很细致很认真，以至于给我一种印象，假如我不换一个话题，她是不会再讲其他事情的。我问她是否参与了当中的美学、建筑、历史等问题的讨论，是否从中得到乐趣。结果这个问题一下切中了关键。她极为坚决地说，是的，"我需要做这些。"

"两百周年庆典是很神奇的一件事。帕里义一直和我一起做这件事。这个应该这样，那件应该放在那儿。撒尼尼却烦死了。我总是对他讲述，极限震撼❶的每一个场景，因为工作过程是这样的：我来告诉他们主题，由他们去构思，最后我再重新规划。我们在各式会议上讨论这些话题。按我的要求加入了奥布里卡多海战❷的创意。而飞翔的阿根廷是他们的创意。但是他们想把阿根廷原住民的主题放在飞翔的阿根廷之后，我对他们说不行，原住民发生在此前，因此一定要摆在前面。关于宪法的那个场景，是我们一起讨论的。他们此前提出了让正义与投票箱一起燃烧的想法。我说不行，在阿根廷，正义一直存在，即使是关闭了国会、把

---

❶ Fuerza Bruta，阿根廷的一支表演团队，打破了传统的表演和观赏方式，融合多种艺术形式，强调与观众互动。——译者注

❷ la Vuelta de Obligado，1845 年 11 月 20 日发生在巴拉纳河上，是罗萨斯领导的阿根廷联邦对抗英法舰队的战事。——译者注

第十六章 政府、斗争与决策

总统关到监狱里,正义也依然存在,所以不能焚烧正义。可撒尼尼和基什内尔觉得我在说傻话,每次我去干相关工作的时候,就好像我要去理发店弄头发!庆典一周之前,开始戒严道路的时候,内斯托尔大为光火:'你别封路啊,交通都瘫痪了,我们这是找骂呢!'他对我说。而我告诉他:'你别烦我了。'而当人群走上街头的时候……那真是太不可思议了。我就知道会是这样的情况,但我也没料到会聚集三四百万人,而这也是我选择7月9日大街❶的原因。其实在内斯托尔当上总统之前,我就已经在考虑两百周年庆典了。当我还是参议员的时候,有一次我和一位名叫玛格丽塔·古特曼的阿根廷女教授讨论过。她在斯特格里茨执教过的大学里任教。她向我提议,应该给两百周年庆典赋予新的意义。嗯,后来我遇到了帕里义——他是个和我一样的傻人——于是我们俩就把两百周年庆典的事情扛在肩上了。后来城市技术展览会召开了,这也是一件大事。因为这也是给阿根廷独立两百周年的献礼。5月25日是政治与军事的胜利,但是没有科学和知识就不能获得真正的独立。"

在两百周年博物馆中,绝对的主角是大卫·阿尔法罗·西盖罗斯的壁画《塑性实践》。那副壁画曾深陷法律纠纷,在钢铁集装箱中弃置了18年之久,几乎要被毁坏了。2003年,内斯托尔曾说这幅画"很有艺术趣味"。2009年,当克里斯蒂娜已经就任总统时,国会投票决定移走该作品。这组壁画的修复过程其实和创造它时一样非比寻常。这幅画的面积达200平方米,是画在纳塔里奥·博塔纳乡间别墅的地下室内的。博塔纳是《批评日报》的总裁,住在堂托尔古阿托。此画是在1933年绘制完成的,是全包围立体式的:沿着墙面、地面和天花板铺陈开来。在泰勒海关,壁画被保护在巨大的玻璃罩中。

复原工作开始后,能够看出西盖罗斯作品中前几部分,是由他的助手斯皮林伯格、贝尔尼、卡斯塔尼诺和拉萨路等人协助他完成的。《号角报》上出现了一则短文,说那些看到这幅作品的人们都会因为画中强

---

❶ 该大街非常宽阔。——译者注

烈的色情内容而感到惊讶。画面呈现了模特和西盖罗斯的妻子布兰卡·露丝·布鲁姆的裸体。这幅画完成于"不光彩的十年",❶ 绘画地点是《批评日报》总裁的家中,而这位总裁当时是布兰卡·露丝的情人。布拉卡终老于智利,奥古斯托·皮诺切特❷曾为其授勋。

"你去博物馆看过吗?每一处都走遍了吗?请你一定要花点时间,把我们装饰的泰勒海关里的十四道具有历史意义的拱廊都要走一遍。我要和特里斯丹一起给《相遇》写一篇关于每个拱廊的介绍。那些拱廊……"她讲起这些事情热情高涨,想要换个话题是徒劳的,"等你什么时候看到了!当我陪同内斯托尔第一次出访墨西哥的时候,我就开始忙西盖罗斯壁画的这件事了。当时有两位墨西哥民主革命党的议员来找我,请求我抢救这幅壁画。我答应他们并最终办到了。在那时,当我从玫瑰宫的阳台眺望出去,望向哥伦布广场上的泰勒海关,那时海关里摆放了很多艺术品。发大水了,把海关都泡了。我们必须做点什么。'但你想做些什么呢?'有人问我,我就开始思考……西盖罗斯的壁画在装有空调设备的仓库里修复,仓库是由阿根廷和墨西哥的企业家赞助的。又有人问我,'我们要把壁画放在哪儿呢?'终于有一天,我把两者结合在一起。为什么不把壁画放在泰勒海关呢?为什么不把海关关闭而后改建成一座大型博物馆?以玻璃天花板自然采光并作出水的声效?当然,这牵扯到水的问题。但我告诉他们,我希望能体现出现代与古老的碰撞,这一点让我着迷。当海关里的作品被清空后,我就走下去,望着一道道拱廊,那种体验啊……"克里斯蒂娜说话间耸起肩膀,仿佛在品味着一块儿巧克力糖,"于是,我明白了:每道拱廊都应该展现一段历史时期。我又重新做起了和两百周年庆典时类似的工作,那就是布局安排。特里斯丹拿来一份拱廊展出内容的清单。'罗萨斯,变革者。'我对他说,'如果这个主题放在这个拱廊,那么它之前的那个应该是关于无政府时

---

❶ Década Infame,即乌里布鲁(Uriburu)统治的 1930~1943 年。——译者注
❷ Augusto Pinochet,智利前总统、独裁者。——译者注

期的，要不然我们怎么能讲明白罗萨斯到底改变了什么呢？'之前没有涉及伊伊亚❶的功绩。没有。后来加入了《奥尼亚梯维亚法案》，加入了2065决议——也就是1965年获得通过的马尔维纳斯决议，加入了号召选举又废黜选举的那段历史。我们还如实讲述了三国联盟战争，那场战争是阿根廷和巴西两大强国联合起来，在英国支持下，进攻巴拉圭的战争。我想我们已经找到了一种多元视角，因为我们甚至正面谈到了萨缅托、罗卡，认为这些人物至少都是相信进步的。我们用有序的方式来讲述我们无序的生活、社会和国家模式。我们不曾杜撰，展出的都是证据。因为我们已经相信了太多虚假的甚至从未发生过的历史案例。最好的例子就是里瓦达维亚的沙发，这件物品根本就没有存在过。"

博物馆中陈列着阿方辛总统的绶带。克里斯蒂娜一生都敬重这位总统。在这道拱廊内，也记录了内斯托尔的演说失误。当重新对外开放军事机械学校❷时，内斯托尔曾以国家名义向人民致歉，但他没有提到"委员会的审判"❸是斗争的里程碑。回忆起那一天时，克里斯蒂娜扶着头，明确地说，他的这次失误不仅仅遭到了外界的批评。

"那天我们吵得很凶。我之前就对他说过：'你把发言稿写下来，把发言稿写下来，因为到了现场你会十分激动，你就可能说出任何话来。'可他呢……他比我对这件事更为紧张，而且他从不会忘记牺牲的同志们。他想到达现场之时，想谈论那些刺杀事件。那是他生命中极为重要的一天。我想我当时都快晕过去了。那天特别热……他们开始合唱查理录制的国歌，每个人都竖起手指，做出胜利的V字，我就要晕了，头脑中出现了另一个时代。有两个被害者子女寻求身份与正义反对遗忘与缄默组

---

❶ Arturo Illia，阿根廷前总统，1963~1966年执政。——译者注
❷ 该学校曾为"肮脏战争"时期的秘密审讯所。——译者注
❸ 该审判由阿方辛总统下令，针对三个阿根廷军事独裁时期的军事委员会，这三个委员会因严重和大范围侵犯人权而受到审判。该审判意义深远，在阿根廷乃至世界范围内具有政治及心理意义，也使得阿方辛总统成为一个时代的人权先锋。——译者注

织的小伙子发言，"说到这里克里斯蒂娜笑了，"与他们相比，列宁和托洛茨基都得算保守主义者了。之后是胡安·卡班迪耶，他的发言令人感到轻松。而后是内斯托尔发言，当我听到他激烈地批判阿方辛的时候，我想阻止他，但是不可能了。我已经跟他说过谈一谈'军人服从命令法'❶和'终结法令'❷，而且一定要谈到'委员会的审判'。但是，好吧，内斯托尔就是这样一个人。而现在，在阿根廷独立二百年周年纪念博物馆里，陈列着阿方辛的绶带，和对'委员会的审判'的认可。让我们把内斯托尔的物品也放进博物馆吧：他的莫卡辛便鞋，他的双排扣西装，还有他喜爱的瑞兴足球俱乐部的运动衫。"

---

❶ la *Obediencia Debida*，阿方辛政府于 1987 年 6 月 4 日颁布，根据该法案，"肮脏战争"期间因服从上级命令而犯下侵犯人权罪行的军人将不再受到起诉。——译者注

❷ el *Punto Final*，由阿方辛总统于 1986 年 12 月 24 日颁布，该法令要求对"肮脏战争"的军事和政治罪行的审判确定最后的结束期限。——译者注

第十七章　内斯托尔

克里斯蒂娜抚摸着灵柩。她的长指甲上涂抹着白色指甲油，指尖划过棺木，仿佛那是一件男士衬衣的衣领。她说："你真是太任性了，太任性了。"她捶打棺椁，但并不是因为恼怒，而是为了抵抗这份痛苦。10月28日的凌晨，内斯托尔的守灵之夜，克里斯蒂娜的个人生活与公共事件又一次重叠在一起。内斯托尔的死亡，既是克里斯蒂娜生命里的一场重大变故，也是阿根廷当代历史上的一处伤痕。

总统府玫瑰宫的停灵大厅里，克里斯蒂娜仿佛觉得那副棺椁还不够光洁，时不时用手帕擦拭表面。有好几次，她重新整理人们覆盖在他身上的旗帜。她的双眼被墨镜遮住了，但仍旧可以看见露出的半张面孔上，坚毅与恐惧交替浮现。一串念珠几乎要掉下来，她将它安放好。她将一封非常特别的信笺藏在鲜花底下。这一切她都要亲手操办，因为她是这场告别仪式上的女主人。

站立在灵柩前的漫长时间里，她主持了这场仪式，这是她人生当中的第一次，也是最后一次。她做了上千次的触摸心脏的手势，而后像飞吻似的，向绵延无尽的吊唁队伍里的人们致意。而送葬队伍的人们为逝者啜泣，也向生者呼喊，"要坚强啊，克里斯蒂娜！"

那一晚，她安抚慰问了许多人，其中既有民众组织里的姑娘们、小伙子们，也有前来吊唁的外国总统。她劝卢拉不要过度悲伤，同时拂去了他外套上的灰尘。与拉斐尔·科雷亚拥抱时，她轻拍他的后背。她还曾将额头靠在乌戈·查韦斯的肩头。从那一晚开始，克里斯蒂娜变得和以往不同了。她既是一位女总统，一位未亡人，但在这几小时的公开场合里，她还成了抚慰众人的母亲。无需理由，也无暇思索，内斯托尔去世的这个夜晚，克里斯蒂娜的身份已然改变。她不容许自己成为被人安慰的女子，她已经套上了平静的枷锁。从那一晚直到今天，她仍旧在这个角色中寻求逃避，而这个角色要求她继续保持沉稳，因为周遭的人们或者悲哀哭泣，正如在这个守灵夜，或者愤怒狂躁，正如大选中的表现。而反对派领袖们的聒噪喧嚣也自动退去，虽然克里斯蒂娜什么也没做，只不过继续治理国家。

现今，克里斯蒂娜常常说起内斯托尔。说起他最后三十五年的生活，在那段时间，内斯托尔是她的伙伴，是一位缓解、平衡情绪的人，还是挚友、对话者、情人、最信任的人、领袖与配偶。在克里斯蒂娜的讲述中必然会提到内斯托尔，无法避免。内斯托尔逝世之后的几个月里，克里斯蒂娜心怀哀痛，继续出现在公共场合，因为没有其他办法。她无法隐藏自己的痛苦，既不能放下这份痛苦，又不能暂停手中的公务。至少用这种方式，内斯托尔一次次地被提及，不仅追忆艰难时刻，也有美妙时光，克里斯蒂娜处理得很好。丧夫带来的痛苦不能阻止追忆的快乐。这才是关键。

她不得不接受别人看到她的痛苦，不得不承受别人的唐突冒犯，尽管她未曾说起，但我们都记得。那些缺乏尊重的言论，在表达不同政见时，掺杂着病态心理与冷酷无情。从10月开始，我静候了几个月，等待她下决心来讲述。不过等到她开口时，她已经准备好了，仿佛点击了一下播放按键，就像她所说的，她需要调整自己以适应生活中极端的情形。痛苦当然并不能就此停歇，但是人们总需要想办法适应。而她的办法就是不断地说话。在埃尔卡拉法特，克里斯蒂娜讲起了内斯托尔，第一次说到了他的去世。

"他就死在这里，在自己的床上，我的身边。"她告诉我，虽然我并没有问她，我也不敢问。"他不是在医院去世的。过了一会儿，东拼西

第十七章　内斯托尔

凑地我才明白到底发生了什么。起初，我不懂，也不理解那些医疗急救措施的意图是什么。可等我缓过神来，我就叫来医生，问他到底出了什么情况。但情况是，现场的医生也不敢告诉我。还因为没人能接受他已经死去了。我没法接受。那天早晨不管我们做什么都感到绝望。"她说道。艰难地说出"死"这个字之后，她用泛着珍珠色的长指甲敲着木质座椅的扶手。但就在她略微摇头，并用指甲敲击扶手之后，她又恢复了勇气，接着说，"他是在这里离开人世的，想到这一点让我觉得欣慰。他是不会接受在奥利沃斯官邸去世的，他厌恶奥利沃斯，他总是迫不及待地回到这里，他爱埃尔卡拉法特。这是我带给他的，我发现的这所房子。当时他还不愿意我买，为此我们也争吵了好几年。他曾对我说，'别瞎花钱'。"说到这里，克里斯蒂娜笑了。"不过后来，我对这里的爱也感染了内斯托尔。内斯托尔喜欢在看球赛之前，先在这里的沙发上睡个午觉，没有什么比这个更让他念念不忘的了。"

片刻之后，我感觉克里斯蒂娜恢复了精神，忧伤也散去了一些，从上面的话题越谈越远，而后径自沉浸到10月26日那一晚的回忆中。那天晚上，他们就像往常一样争吵、说笑，正如从前那些最美妙的夜晚，他们甚至还在侄儿们面前接吻。尽管没有明说，她将那一晚与离世的先兆联系在一起。

"最后一个周末温馨静好。我们不习惯在人前恩爱。你瞧，我没有刻意为之。其实，是帕特里西奥，我侄女娜塔莉亚的丈夫提醒了我，'你吻了内斯托尔。'他告诉我，我这才注意到。我们和帕特里西奥、娜塔莉亚两人一起吃晚餐。结果外界说，我们和拉萨洛·巴埃斯[1]会餐。我这辈子都没有跟拉萨洛吃过晚餐。那天晚上我写了一些话，准备第二天发在推特上，是关于'人口调查'的。内斯托尔不喜欢推特。他对我说：'又在摆弄那些无聊的玩意儿啦？'我回答他：'你别来烦我，写推特让我放松。我可没对你喜欢的那些足球队评头论足吧？'不过，他说

---

[1] Lázaro Báez，阿根廷商人，曾卷入腐败丑闻。——译者注

得我都累了，于是就打算把推特留到第二天再写。就是这样。那天晚上，我的侄子们来探望我们，我们看了电视节目《6、7、8》。当时，我们就坐在那儿，你瞧——"她停住话头，站起来走了几步，我跟过去。她指向宽敞的起居室的另一头，那里摆着一张松软的黄褐色三人沙发。"内斯托尔就坐在那头，我坐这头，椅子正对着电视。他举着遥控器换台，而后突然停在一个频道，正好播放胖子德里亚的谈话节目。有人问他更喜欢哪个总统候选人，内斯托尔还是我。那胖子说他选不出来，但大家坚持要他回答，他就说：'好吧，我将用内斯托尔说过的一句话作为答复，他说，上学的时候我只能得四分，而克里斯蒂娜是满分十分。'我俩哄笑，笑内斯托尔的四分，内斯托尔咬着牙说，'这个叛徒胖子！'当时的情景让我很愉快，也很动情……我探身靠到他坐的那头，在他嘴唇上亲了一下。那是我给他的最后一个吻。然后我们上床就寝，他就这样走了。"

后面发生的事情是，他们在 2 米乘 2 米的双人床上就寝，像往常一样，每人捧读自己手中的书。清晨，她听到一阵声响，悚然惊醒。打开灯，只见内斯托尔歪在床上，她厉声呼救。后面发生的事情是，谁也不能接受死亡这个现实，无望地尝试了多种方法想把他带回这个世界。27 日早晨，第一时间，总统去世的消息，经过一条条悲伤的手机短信传遍全国。后面发生的事情是，她失去了内斯托尔，如果说这种失去变得微不足道了，是因为她已经把内斯托尔深深地烙在了心里。

而她所经历的，千百万人感同身受。内斯托尔的逝世，出人意外地促发了公众事件，人们涌上街头自发悼念，他们正是与内斯托尔和克里斯蒂娜一道缔造政治历史的主角们，也就是那些加入了党派的普通大众们。基什内尔夫妇始终是党员，他们所有的政治观念都基于他们的党员身份，这是他们的道路、武器、支持力量与政治能量。这是一种代际标志，基什内尔夫妇携带着这份联结构成了此前历史的传承者和代言人。

将个人视为集体组成部分，这种观念意味个人主观思考方式的巨大

第十七章 内斯托尔

改变。政治的渗透和嵌入把个人生活同他人生活相连接。感受并接受集体的梦想，源自我们自身的需求，发乎于心，与爱相关。

内斯托尔逝世七个月后，我再次探望克里斯蒂娜，谛听她对爱人一次又一次的追忆，聆听说话间的语调，我意识到无论是她本人还是现在的阿根廷，都需要内斯托尔，即使他已不在人世。在生命的最后两年里，内斯托尔为了她和她的政府而斗争。自从 2008 年以来，自从无数个忧心忡忡、荆棘难行的坎坷日子，自从他们毫无问题地再次与阿方辛和德·拉·鲁阿相抗衡，内斯托尔就开始斗争却终于失败。2009 年，他推荐的人在竞选中败北，这标志着内斯托尔进入了自 2003 年参选以来最险峻的时刻。虽然从那时起，他一直鼓舞、号召党员们昂扬斗志，但没能成功；他未能亲眼见到他一直盼望的党员人数激增。最终，他曾孜孜以求的政党繁荣气象，在他告别人间之际变为现实。

"内斯托尔有一种前瞻性，"克里斯蒂娜说，"我就欣赏他这一点。他有这种气质，并以此勤政、管理党务。因为有这种气质，他做事才总带着一股激情，唯独因为他身上怀有这种前瞻性的气质，他才能坚信可以从二十位党员发展到千百万大众。他最终传达出的正是这种精神。我相信，那些接近党组织的年轻人，之所以能够做到这一点，是因为他们身上有超越个体、突破个人局限的精神。内斯托尔一定会为自己留下了这份政治观念遗产而感到自豪。"

2007 年 7 月那些日子，内斯托尔顶着来自商业巨头的压力，支持克里斯蒂娜参加总统大选，这期间出现了极为奇特的情况。那年 7 月 9 日，阿根廷独立日，布宜诺斯艾利斯下雪了。这是不同寻常的。建筑屋宇上覆盖着皑皑白雪，这一景象激活了许多人头脑中的画面。这些画面源自连环漫画《不朽的航行者》，里面的主人公是位解放民众的大英雄。次日，《第 12 版》日报首页上刊登的画面就是：不朽宇航员的伟岸形象，迎着风雪在黑暗中前进。"埃克托尔·厄斯特黑尔德曾借着画笔，幻想白雪覆盖布宜诺斯艾利斯，而五十年之后，连环画变成了现实。"图片说明如是写道。这也是作出决定的日子。7月19日，在拉普拉塔的阿根廷剧院，克里斯蒂娜宣布参加总统大选。

时至今日，对整整一代的庇隆主义党员和接纳其邀请的其他参与者而言，他成了"不朽的航行者"内斯托尔。通过这套重新绘制的连环画，不仅可以看出大众对领袖的热爱，与此同时，阿根廷政治语言也随之敞开，获得了崭新的发明，年轻人开始表达他们对祖国的热爱。克里斯蒂娜的漫画形象也出现在人们的博客空间里，被描绘成内斯托尔航行中的旅伴，套着太空服，头盔里她的双眼描着重重的眼线。

基什内尔夫妇生活中的政治层面虽然阻碍人们深入他们的私人世界，但我们仍旧可以清晰领悟到两人生命中的浓厚爱意。克里斯蒂娜要面对内斯托尔的离去，丧夫之痛一直与她同在，但是还有千万人陪在她身旁，在众多仪式上，人们向她呼喊，"内斯托尔不死，内斯托尔活在人民心里"。她知道，内斯托尔渴望活在人民心里，那块领地，别人不论雇佣多少形象顾问也难以到达。正是在人民心底，那情感搏动的所在，也深藏着克里斯蒂娜汲取力量的源泉。

内斯托尔与克里斯蒂娜在玫瑰宫

克里斯蒂娜当选总统后,夫妇二人拥抱在一起

克里斯蒂娜与卢拉、查韦斯会面

克里斯蒂娜慰问阿根廷部队

克里斯蒂娜与内斯托尔（一）

基什内尔一家

克里斯蒂娜与内斯托尔（二）

亲密无间，经年未变的表情

致 谢

维内·佩尔托特（Werner Pertot），安排并使采访得以成行
达涅尔·戈贝尔（Daniel Guebel），编辑加工
安德烈阿·拉博里尼（Andrea Rabolini），贡献灵感
奥斯卡尔·帕里义（Oscar Parrilli），充满耐心
马努埃尔·阿尔斯纳（Manuel Alzina），作出评论

所有的采访对象，感谢你们的好意和回忆：
昌高·伊卡苏里亚伽（Chango Icazuriaga）
卡洛斯·昆克尔（Carlos Kunkel）
艾丽西亚·基什内尔（Alicia Kirchner）
佩佩·萨尔维尼（Pepe Salvini）
皮帕·塞多拉（Pipa Cédola）
奥马尔·布斯凯塔（Omar Busqueta）
格拉蒂丝·达雷桑德罗（Gladis Dalessandro）
马尔塔·拉维诺（Martha Ravino）
玛利亚·罗斯塔·布朗克（María Rosita Blanco）
瓦雷利亚·洛伊拉（Valeria Loira）
迪耶戈·布拉内约（Diego Buranello）
莉莉娅娜·马苏雷（Liliana Mazure）
派莫·古斯塔维诺（Pemo Guastavino）

附录1 人名对照表

阿道夫·罗德里格斯·萨阿　Adolfo Rodríguez Saá

阿尔伯特·斯伯塔　Alberto Spotta

阿尔弗雷德·德·安赫利斯　Alfredo De Angelis 阿尔曼德拉　Almendra

阿尔弗雷德·科托　Alfredo Coto

阿尔韦托·费尔南德斯　Alberto Fernández

阿方辛　Alfonsín

阿马里亚·拉美亚　Amalia Ramella

阿玛多·博多　Amado Boudou

阿妮塔·弗洛雷斯·德·洛佩斯　Anita Flores de López

阿尼瓦尔·费尔南德斯　Aníbal Fernández

阿图罗·豪雷切　Arturo Jauretche

阿图罗·普利赛义　Arturo Puricelli

埃尔曼·贡萨雷斯　Erman González

埃尔南·富恩特斯　Hernán Fuentes

埃尔南·科隆博　Hernán Colombo

埃尔南德斯·阿雷吉　Hernández Arregui

埃克托尔·厄斯特黑尔德　Héctor Oesterheld

埃克托尔·马格内托　Héctor Magnetto

埃斯特万·立西　Esteban Righi

埃沃·莫拉莱斯　Evo Morales

艾克多尔·阿亚拉　Héctor Ayala

艾丽萨·卡里奥　Elisa Carrió

艾丽西亚·基什内尔　Alicia Kirchner

艾丽西亚·卡斯特罗　Alicia Castro

艾斯塔拉·德·卡洛特　Estela de Carlotto

艾娃·庇隆（昵称"艾薇塔"）　Eva Perón（Evita）

艾薇塔·蒙托内拉　Evita Montonera

爱德华多·杜阿尔德　Eduardo Duhalde

爱德华多·费尔南德斯　Eduardo Fernández

安德烈·马尔劳克斯　André Malraux

安德烈斯·安东尼也提　Andrés Antonietti

安东尼奥·卡菲耶罗　Antonio Cafiero

安格拉达　Anglada

安吉拉·默克尔　Angela Merkel

奥尔梅多　Olmedo

奥尔特伽　Ortega

奥菲利亚·威尔姆　Ofelia Wilhem

奥古斯托·阿拉西诺　Augusto Alasino

奥古斯托·皮诺切特　Augusto Pinochet

奥拉西奥·维尔比斯基　Horacio Verbitsky

奥马尔·布斯凯塔　Omar Busqueta

奥斯卡·洛伦索·科戈尔诺　Oscar Lorenzo Cogorno

奥斯卡·帕里义　Oscar Parrilli

奥斯卡·卡米利翁　Oscar Camilión

奥斯瓦尔多　Osvaldo

巴勃罗·巴雷罗　Pablo Barreiro

巴格林尼　Baglini

宝迪·博德　Poldy Bird

保罗·弗莱雷　Paulo Freire

贝尔格拉诺　Belgrano

贝尔纳尔多·内乌斯塔特　Bernardo Neustadt

贝尔尼　Berni

贝内代蒂　Benedetti

本迪尼　Bendini

比尼奥内　Bignone

庇隆　Perón

波西亚诺　Boggiano

布兰卡·露丝·布鲁姆　Blanca Luz Brum

布里苏埃拉·德尔·莫拉尔　Brizuela del Moral

布林索尼　Brinzoni

查理　Charly

察丘·阿尔瓦雷斯　Chacho Álvarez

察丘·奥提斯·德·萨拉特　Chacho Ortiz de Zárate

昌高·伊卡苏里亚伽　Chango Icazuriaga

达里奥·桑提严　Darío Santillán

达涅尔·菲尔姆斯　Daniel Filmus

达涅尔·费尔南德斯　Daniel Fernández

达涅尔·瓦利萨特　Daniel Varizat

达西·里贝罗　Darcy Ribeiro

大卫·阿尔法罗·西盖罗斯　David Alfaro Siqueiros

德·拉·鲁阿　De la Rúa

德尔福·穆尼奥斯　Delfor Muñoz

德里亚　D'Elía

迪尔玛·罗塞夫　Dilma Rousseff

迪耶戈·博西奥　Diego Bossio

迪耶戈·布拉内约　Diego Buranello

蒂塔·梅勒约　Tita Merello

蒂亚斯·班卡拉里　Díaz Bancalari

多明戈·卡瓦约　Domingo Cavallo

菲利普·卡尔德龙　Felipe Calderón

菲利普·路杜埃涅　Felipe Ludueña

菲利普·索拉　Felipe Solá

费尔南德斯·梅西德　Fernández Meijide

费尔南多·阿马托　Fernando Amato

费尔南多·卢戈　Fernando Lugo

弗拉米尼　Framini

佛朗茨·法农　Franz Fanon

弗雷　Frei

弗隆迪西　Frondizi

弗洛伦西奥·兰达索　Florencio Randazzo

弗洛伦西亚　Florencia

高多·埃斯特班　Gordo Esteban

高多·冯塞卡　Gordo Fonseca

格拉蒂丝·达雷桑德罗　Gladis Dalessandro

格拉西拉·奥卡尼亚　Graciela Ocaña

格拉西拉·卡玛纽　Graciela Camaño

格雷罗　Guerrero

格隆多纳　Grondona

格洛丽亚·毕德盖　Gloria Bidegain

贡萨洛　Gonzalo

豪尔赫·拉斐尔·魏地拉　Jorge Rafael Videla

豪尔赫·马茨金　Jorge Matzkin

豪尔赫·塞佩尔尼克　Jorge Cepernic

豪雷切　Jauretche

荷西·玛利亚·洛萨　José María Rosa

黑查韦斯　el Negro Chaves

胡安·何塞·巴耶　Juan José Valle

胡安·卡班迪耶　Juan Cabandié

胡安·卡洛斯·帕塞罗　Juan Carlos Passero

胡安·卡洛斯·翁加尼亚　Juan Carlos Onganía

胡安·卡斯特罗　Juan Castro

胡安娜·阿苏尔杜伊　Juana Azurduy

胡里奥·阿尔汉蒂诺·洛卡　Julio Argentino Roca

胡里奥·德·维多　Julio De Vido

胡里奥·科沃斯　Julio Cobos

加拉索　Galasso

加莱亚诺　Galeano

卡洛斯·昆克尔　Carlos Kunkel

卡洛斯·马严斯　Carlos Mayans

卡洛斯·梅内姆　Carlos Menem

卡洛斯·米盖尔　Carlos Miguel

卡洛斯·内格里　Carlos Negri

卡洛斯·奇切·拉伯力塔　Carlos Chiche Labolita

卡洛斯·撒尼尼　Carlos Zannini

卡洛斯·斯利姆　Carlos Slim

卡洛斯·索里亚　Carlos Soria

卡洛斯·特耶丁　Carlos Telleldín

附录1 人名对照表

卡洛斯·威尔姆　Carlos Wilhem

卡奴萨　Ganuzza

卡奇多·卡瓦耶罗　Cachito Caballero

卡乔·瓦斯克斯　Cacho Vázquez

卡斯蒂约　Castillo

卡斯塔尼诺　Castagnino

恺撒·佩伊　César Pelli

科尔乔·斯科奇马洛　Corcho Scochimarro

科奇·卡皮塔尼奇　Coqui Capitanich

科沃斯　Cobos

克拉罗　Claro

克劳德尔　Claudel

克劳迪奥·埃斯克里瓦诺　Claudio Escribano

克雷登斯　Credence

克里斯蒂安·博亚诺夫斯基·巴散　Christian Boyanovsky Bazán

克里斯蒂安·里同多　Cristián Ritondo

克里斯蒂娜·费尔南德斯·德·基什内尔　Cristina Fernández de Kirchner

库托·莫雷诺　Kuto Moreno

拉斐尔·弗洛雷斯　Rafael Flores

拉斐尔·科雷亚　Rafael Correa

拉米瑟高迪亚　La Misericordia

拉萨路　Lázaro

拉瓦戈纳　Lavagna

劳尔·卡费拉塔　Raúl Cafferata

劳尔·罗梅罗·菲利斯　Raúl Romero Feris

老奥拉西奥·查韦斯　Horacio Chaves

里阿雷斯　Reales

里卡尔多·巴尔宾　Ricardo Balbín

里卡尔多·德尔·瓦尔　Ricardo Del Val

里卡尔多·海梅　Ricardo Jaime

李提·蒙德罗　Liti Mondelo

立思耶力　Risieri

丽塔·莫利纳　Rita Molina

莉莉娅娜·马苏雷　Liliana Mazure

卢拉　Lula

卢平　Lupín

鲁道夫·普伊格罗斯　Rodolfo Puiggrós

鲁斯陶　Lousteau

鲁文·布朗克　Rubén Blanco

路易斯·巴里奥努埃沃　Luis Barrionuevo

罗伯特·瓜莱斯蒂　Roberto Guaresti

罗伯特·洛佩斯　Roberto López

罗丹　Rodin

罗哈斯　Rojas

罗卡　Roca

罗伦索·佩佩　Lorenzo Pepe

罗梅罗　Romero

罗米娜　Romina

罗萨　Rosa

罗萨斯　Rosas

洛佩斯·雷加　López Rega

马尔科夫　Marcoff

马尔塞洛·富恩特斯　Marcelo Fuentes

马尔塔·拉维诺　Martha Ravino

马尔提塔　Martita

马格达雷纳　Magdalena

马格里　Macri

马克西米利阿诺·科斯特基　Maximiliano Kosteki

马克西莫·基什内尔　Máximo Kirchner

马雷夏尔　Marechal

马里奥·马尔古利斯　Mario Margulis

马努埃尔·卡尔沃　Manuel Calvo

马萨　Massa

马伊特·奥利瓦　Maite Oliva

玛贝尔　Mabel

玛贝尔·缪耶尔　Mabel Müller

玛格丽塔·古特曼　Margarita Gutman

玛格丽塔·斯托比泽尔　Margarita Stolbizer

玛丽塔·科隆博　Marita Colombo

玛利亚·埃莱娜　María Elena

玛利亚·奥斯托伊科　María Ostoic

玛利亚·贝兰·弗朗西尼　María Belén Francini

玛利亚·罗斯塔·布朗克　María Rosita Blanco

玛利亚·苏珊娜　María Susana

迈克卡西　McCarthy

蒙泰罗·洛巴托　Monteiro Lobato

米尔塔·雷格兰德　Mirtha Legrand

米盖尔·安赫尔　Miguel Ángel

米盖尔·努涅斯　Miguel Núñez

米克斯　Míguez

米切尔·巴切莱特　Michelle Bachelet

莫雷诺　Moreno

纳塔里奥·博塔纳　Natalio Botana

娜塔莉亚　Natalia

内格雷·德·阿隆索　Negre de Alonso

内斯托尔·冯塞卡　Néstor Fonseca

内斯托尔·卡洛斯·基什内尔　Néstor Carlos Kirchner

诺艾米·威尔姆　Noemí Wilhem

诺布雷·埃雷拉　Noble Herrera

诺尔玛·塞高维亚　Norma Segovia

诺拉·佩拉尔塔　Nora Peralta

帕特里西奥　Patricio

派莫·古斯塔维诺　Pemo Guastavino

佩佩·穆希卡 Pepe Mujica

佩佩·萨尔维尼　Pepe Salvini

皮令　Pilín

皮帕·塞多拉　Pipa Cédola

萨尔瓦多·阿连德　Salvador Allende

萨拉　Sara

萨缅托　Sarmiento

萨特　Sartre

萨瓦特　Sábat

塞尔索·阿莫林　Celso Amorín

塞尔索·哈克　Celso Jaque

塞尔希奥·克里维意　Sergio Crivelli

斯巴拉·密特雷　Sbarra Mitre

斯卡拉布利尼·奥提斯　Scalabrini Ortiz

斯皮林伯格　Spilimbergo

斯提格里茨　Stiglitz

索拉纳斯　Solanas

索拉诺·利马　Solano Lima

索马亚·多米特　Soumaya Domit

特雷萨·索托　Teresa Soto

特里斯丹　Tristán

图尔科·阿晨　Turco Achem

瓦雷利亚·洛伊拉　Valeria Loira

维克多利亚·奥坎波　Victoria Ocampo

维内·佩尔托特　Werner Pertot

沃尔什　Walsh

乌戈·巴茨　Hugo Bacci

乌戈·比奥尔卡迪　Hugo Biolcatti

乌戈·查韦斯　Hugo Chávez

乌戈·莫亚诺　Hugo Moyano

西盖罗斯　Siqueiros

希拉里·克林顿　Hillary Clinton

席塞乐　Gisele

肖利　Scioli

伊内斯·佩尔迪内　Inés Pertiné

伊莎贝尔　Isabel Martínez de Perón

伊莎贝尔·萨尔利　Isabel Sarli

伊莎贝尔·维欧德斯　Isabel Viudez

伊西德罗·布尼讷　Isidro Bounine

约翰·肯尼斯　John Keynes

约翰·威廉姆·库克　John William Cooke

附录 2　组织机构名对照表

阿根廷电车工人联合会：Unión Tranviarios Automotor，简称 UTA

阿根廷革命共产党：Partido Comunista Revolucionario，简称 PCR

阿根廷共和国教育工作者同盟：Confederación de Trabajadores de la Educación de la República Argentina，简称 CTERA

阿根廷劳动者总工会：Confederación General del Trabajo，简称 CGT

艾娃·庇隆团体阵线：Frente de Agrupaciones Eva Perón，简称 FAEP

被害者子女寻求身份与正义反对遗忘与缄默组织：Hijos por la Identidad y la Justicia contra el Olvido y el Silencio，简称 HIJOS

庇隆主义劳动青年联盟：Juventud Trabajadora Peronista，简称 JTP

庇隆主义青年联盟：Juventud Peronista，简称 JP

不妥协党：el Partido Intransigente，西文简称 PI

大学生民族革命联盟：Federación Universitaria por la Revolución Nacional，简称 FURN

大学生民族主义大会：Concentración Nacionalista Universitaria，简称 CNU

国际货币基金组织：Fondo Monetario Internacional，简称 FMI

国家工人联合会：Asociación de Trabajadores del Estado，简称 ATE

国家公民联合会：Unión del Personal Civil de la Nación，简称 UPCN

国家情报秘书处：Secretaría de Inteligencia de Estado，简称 SIDE

国家社会保障管理局：Administración Nacional de la Seguridad Social，

简称 ANSES

国家审计总办公室：Sindicatura General de la Nación，简称 SIGEN

国家团结阵线：Frente del País Solidario，简称 Frepaso

国民报：La Nación

《号角报》集团：el Grupo Clarín

胡安·多明戈·庇隆协会：Ateneo Juan Domingo Perón

拉普拉塔国家大学工人协会：La Asociación de Trabajadores de la Universidad Nacional de La Plata，简称 ATULP

美洲自由贸易区：Área de Libre Comercio de las Américas，简称 ALCA

民众与社会阵线：Frente Cívico y Social

青年工会：Juventud Sindical

人民保守党：el Partido Conservador Popular

圣克鲁斯胜利阵线：Frente para la Victoria Santacruceña

税收及不动产雇员协会：Asociación de Empleados de Rentas e Inmobiliarios

退休养老基金管理处：Administradora de Fondos de Jubilaciones y Pensiones，简称 AFJP

以色列-阿根廷互助协会：Asociación Mutual Israelita Argentina，简称 AMIA。

正义党：Partido Justicialista

左翼大学生团体阵线：Frente de Agrupaciones Universitarias de Izquierda，简称 FAUDI

译者后记

2011年,中国社会科学院拉丁美洲研究所设立"拉美研究译丛——左翼领袖系列"翻译项目,旨在形成翻译丛书系列,向国内读者介绍当代拉美左翼代表人物的动态与思潮。

《女总统:一段生命历程》是该丛书的系列译著之一。本书以纪实和口述实录的形式,披露克里斯蒂娜·费尔南德斯·德·基什内尔的政治、家庭以及个人经历,展现她步入政坛后阿根廷的政治、经济起伏跌宕的历史瞬间,揭示基什内尔夫妇治国理政思想特点。2015年12月10日,这位阿历史上首位民选女总统将卸任,执政12年的"基什内尔时代"落下帷幕。本书在此时出版,将成为这一历史时期的诸多注脚之一,为中国读者认识阿根廷提供别样视角。

本书的翻译和校对工作由青年学者王阳和魏然承担。翻译和出版过程曾得到中国社会科学院拉丁美洲研究所前所长郑秉文教授、中国社会科学院马克思主义研究院前院长程恩富教授的热心指导和帮助,阿根廷驻华使馆也对本书的翻译和出版工作提供了及时的协助。拉丁美洲研究所及综合理论研究室各位领导、科研处陈振声和刘东山两位老师、知识产权出版社文史编辑室主任刘睿老师和刘江博士也对本书组织、翻译、出版等各项工作付出大量心血,在此一并表示衷心的感谢!

译 者

2015年12月8日